질문 ^{같지} ^{않은} 질문

질문 같지 않은 질문

일상에 건네는 사소하고 유쾌한 질문들

김민규 지음

MIRAE
BOOK

QUESTION

가장 중요한 것은 질문을 멈추지 않는 것이다.
호기심은 그 자체만으로도 존재 이유를 갖고 있다.
영원성, 생명, 그리고 현실의 놀라운 구조에 대해
숙고하는 사람은 경외감을 느낄 수밖에 없다.
매일 이러한 비밀의 실타래를
한 가닥씩 푸는 것만으로도 충분하다.
신성한 호기심을 절대로 잃지 말아라.

- 알버트 아인슈타인

'크리에이티브'와 '인문학'의 열풍이 거세게 불고 있다. TV에는 '인문학' 타이틀을 건 특별 강좌들이 방송되고, 서점에는 인문학과 관련된 책들이 줄지어 나오고 있다. 너 나 할 것 없이 창의적인 삶에 관심이 많은 지금, 베스트셀러 목록에서 '인문학'이라는 단어를 찾는 것이 어렵지 않게 되었다. 이러한 이슈가 금방 사그라질 것 같아 보이진 않는다. 이는 우리나라만의 현상이 아니기 때문이다. 현대사회가 복잡해지면서 새로운 사고방식과 태도가 필요한 것은 자연스러운 흐름이다. 이 중에서 필자가 제시하는 것은 '질문'에 대한 새로운 태도이다.

우리 일상생활의 거의 모든 대화는 질문과 그 질문에 대한 대답으로 이루어져 있다. 오랜만에 만난 친구들과도 "어떻게 지냈어?"하며 대화를 시작하고 연인들끼리도 "오늘 영화 뭐 볼래?"라며 상대방의 의견을 물어본다. 우리는 왜 물어보는 걸까? 아마 상대방의 생각이 궁금하기 때문일 것이다. 모르니까 물어보는 것이다. 이처럼 우리는 단편적이고 일상적인 질문에 대해서는 익숙하다. 하지만 정작 문제는 어렸을 때 호기심을 갖고 물어보았던 날것의 질문들에 대해서는 굉장히 인색하다는 것이다.

누구나 어렸을 때는 엉뚱하고 이상한 질문을 많이 한다. 그러나 점점 나이를 먹고 어른이 되면서 질문의 수도꼭지를 서서히 잠그기 시작한다. 그리고 어느 순간이 되면 그 수도꼭지를 꽉 잠그고 말아버린다. 왜 그럴까 한번 생각해보자. 우리는 나이가 들면서 학교를 다니고 책을 읽고 다양한 경험을 통해서 보고 들은 게 많아진다. 그러니 자연스레 모르는 것의 절대적인 양도 줄어들 것이다. 그런 까닭에 세상에 대한 호기심이 점점 줄어드는 것이 일반적인 패턴 아닐까? 하지만 이건 그저 아주 간단하게 모든 과정을 생략해버린 단순한 추론일 뿐이다.

정말 우리가 어른이 됨에 따라 아는 것이 많아져서 호기심과 질문이 줄어드는 것일까? 필자가 경험하기로는, 어른이 될수록 물어보는 것에 창피함과 부끄러움을 느끼는 경향이 크다. 자신의 상태보다도 타인을 의식하게 되니 자신의 질문과 호기심이

눈치 보이는 것이다.

　필자가 가끔 어린아이 같이 엉뚱한 질문을 하면 주위 사람들은 무슨 그런 질문을 하느냐는 듯이 쳐다본다. 상식에서 벗어나는, 일반적인 사고에서 벗어나는 것을 대단히 이상하게 여기고 경계하는 것이다. 하지만 자유로운 궁금함과 호기심이 질문으로 이어지지 못한다면 어떻게 새로운 것을 창의적으로 바라볼 수 있고 인문학적 사고와 통찰을 이어나갈 수 있을 것인가? 한번 생각해봐야 할 필요가 있다.

　'질문하는 습관'은 아주 중요하다. 혹자는 질문이 뭐기에 질문하는 데도 습관이 필요하냐고 반문할지도 모르겠다. 여기서 필자가 강조하는 것은 '질문하는 능력'보다도 '질문하는 습관'이다. 질문에는 옳고 그름이 없다. 질문은 태도의 문제이지 내용의 문제가 아니라고 생각한다. 질문을 하는 데 정해진 규칙이나 질문하는 법이 따로 있는 것도 아니다. 질문은 항상 옳다는 게 질문에 대한 필자의 소신이다.

필자가 이 책을 통해서 말하고 싶은 것은 "하고 싶은 질문은 자유롭게 하자"이다. 대부분의 사람들이 질문은 진지하고 꼭 어려운 것이어야 한다는 고정관념이 있다. 그래서 많은 이들이 평소에 생각나는 질문들은 가볍게 넘기거나 무시하고는 한다.

필자는 이 책을 통해서 '일부러 시간 내어 하는 거창한 질문'이 아니라 '일상생활 속의 사소하고 하찮은 질문'이 가진 힘과 가치에 대해서 이야기하려고 노력했다.

'인간은 왜 사는가?', '죽음이란 무엇인가?', '인간답게 사는 삶이란?' 같은 질문들은 우리 삶을 좀 더 확실하게 살아가기 위해서, 삶의 의미를 찾기 위해서 살면서 한 번쯤은 혹은 사는 내내 고민하게 되는 질문들이다. 하지만 이런 질문들은 너무 무겁고 어려워서 한 번에 답을 내리기 어렵다. 때로는 이런 질문과 이에 대한 대답을 한다는 생각만으로 괜히 어깨가 무겁고, 사고가 경직되기도 한다. 그래서 오히려 이런 질문에선 자유로운 생각을 기대하기 어렵다.

　우리가 인생에서 무언가 깨달았던 경험을 떠올려보자. 많은 깨달음이 거창한 것보다 사소한 것에서 온다. 부담이 없고 편안한 상태이기 때문이다. 질문도 마찬가지라 생각한다. 꼭 질문이 거창해야 대단한 인생의 진리나 삶의 법칙을 깨달을 수 있는 것은 아니다. 일상 속에서 하찮고 사소한 질문들을 통해 내린 답들을 나름의 통찰력을 가지고 해석한다면 자신만의 답을 내고, 삶의 진리를 깨달을 수 있다고 생각한다. 어떤 질문이든지 훌륭한 질문이 될 수 있는 것이다. 그래서 이 책에 필자가 실제로 고민했던 여러 질문들과 그에 대한 나름의 새로운 시각을 가진 답과 해석을 담아놓으려고 노력했다. 아직도 하찮고 사소한 질문의 힘이 믿기지 않는다면 다음 필자의 질문을 한번 생각해보길 바란다.

　'10분짜리 코미디 콩트'와 '2시간짜리 정극 영화' 중에서 어느

작품이 더 가치 있는가?

　아마 많은 이들이 콩트와 영화 중 영화의 가치를 더 높게 평가하며 영화를 선택할 것이다. 왜냐면 많은 사람들이 코미디를 낮게 평가하기 때문이다. 코미디 연기는 우스꽝스럽고 그저 재미있다. 그래서 사람들이 콩트를 관람할 때, 그 속에 숨어있는 의미나 메시지에 크게 가치를 두지 않는다. 하지만 영화를 볼 때에는 어떤가? 마치 평론가가 되기라도 한 듯 진지한 눈빛으로 극 속에 숨겨진 깊은 뜻을 찾으려고 애를 쓴다. 심지어 영화는 다 보고 나면 나름대로의 평가도 내린다. 하지만 우리는 코미디를 보고 평가를 하거나 진지하게 곱씹어 보진 않는다. 왜 그런 걸까? 사실 남을 감동시키는 일 못지않게 남을 웃기는 일 또한 상당히 어려운 일인데 말이다. 왜 코미디 콩트는 별 볼 일 없다고 생각하는 걸까?
　사실 콩트는 아무 잘못이 없다. 다시 말해, 실제로 코미디 콩트가 못나고 별 볼 일 없는 게 아니라, 문제는 우리의 태도인 것이다. 대단해 보이지 않는다고 해서 그 가치 또한 낮은 것은 아니다. 하지만 우리는 대상을 그렇게 단순하게 정의내리고, 평가하며 넘어가버린다. 일상생활 역시 마찬가지이다. 문득 떠오르는 궁금증이나 생각, 호기심, 질문들이 별 볼 일 없고 쓸데없는, 무의미한 것들이라는 생각이 들 것이다. 귀찮기도 하고, 창피하기도 하고, 저마다 각자의 이유로 그런 것들을 외면하며 사는 것이다. 하지만 이 모두가 의미 있고, 가치가 있음을 간과해서는 안 된다.

책의 내용을 살펴보면 다소 황당하거나 엉뚱함에 당혹스러운 질문도 있을 것이다. 하지만 열려있는 태도로 편하게 이 책을 읽고 나면 독자들이 앞으로 질문을 조금 더 부드럽고 관대하게 대할 것이라고 기대한다.

책을 읽기 전에, 질문하는 것에 대한 롤모델로 삼을 만한 대상이 누가 있을까 한번 각자 생각해보기를 바란다. 필자 같은 경우에는, 아이들이 어른들의 좋은 롤모델이라고 생각한다. 아이들은 어른들보다도 훨씬 풍부한 상상력과 무궁무진한 호기심을 가지고 있다. 그래서 가끔 아이들이 질문하는 것을 들어보면, 예기치 못한 상상력과 통찰력에 놀라곤 한다. 하지만 우리의 모습은 처참하기 그지없다. 질문에 인색한 어른들은 아이들보다도 '고인 물'에 가깝다. 더 이상 사고의 확장을 기대하기란 어려운 것이다.

흔히들 '7살 꼬마아이의 질문에서도 배울 게 있다'고 하지 않는가. 세상에 틀린 질문이나 나쁜 질문이란 없다. 그저 질문을 즐기는 마음으로, 이 책을 읽는 동안만큼은 아이가 된다는 생각으로 읽는다면 그 어느 강의나 책보다 자기 자신의 질문이 인생의 가장 좋은 선생님이라는 것을 알게 될 것이다.

이제 다들, '질문 같지 않은 질문'을 즐겨보기 바란다.

13

차 례

Question 1
일상생활 속
평범한 사실을
의심하고 질문하라

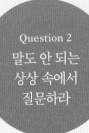

Question 2
말도 안 되는
상상 속에서
질문하라

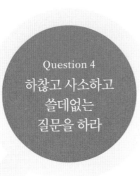

Question 4
하찮고 사소하고
쓸데없는
질문을 하라

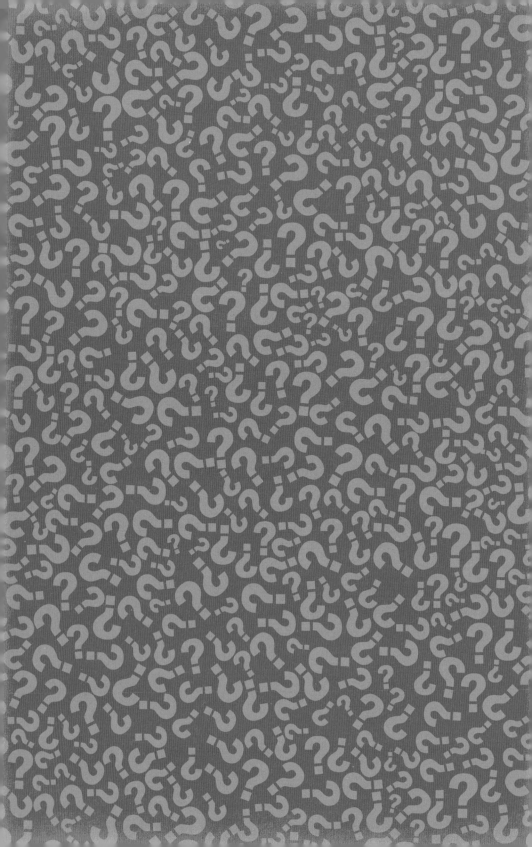

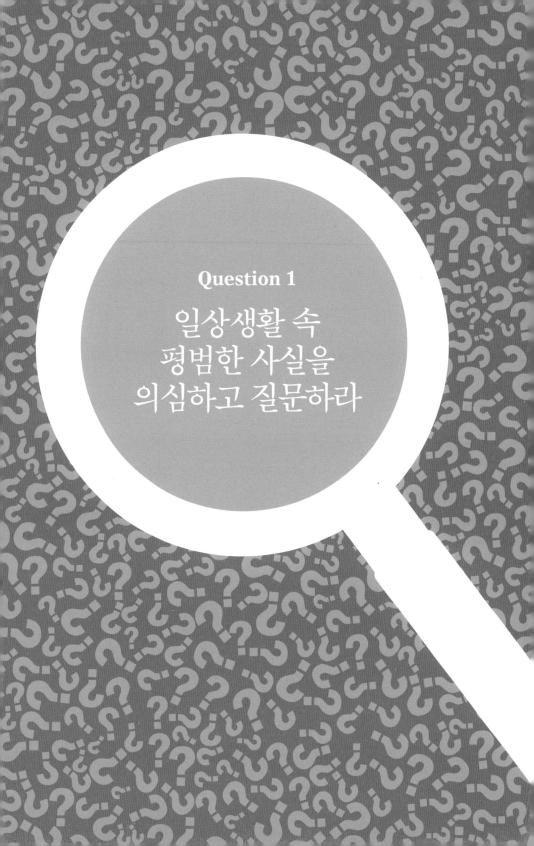

Question 1

일상생활 속
평범한 사실을
의심하고 질문하라

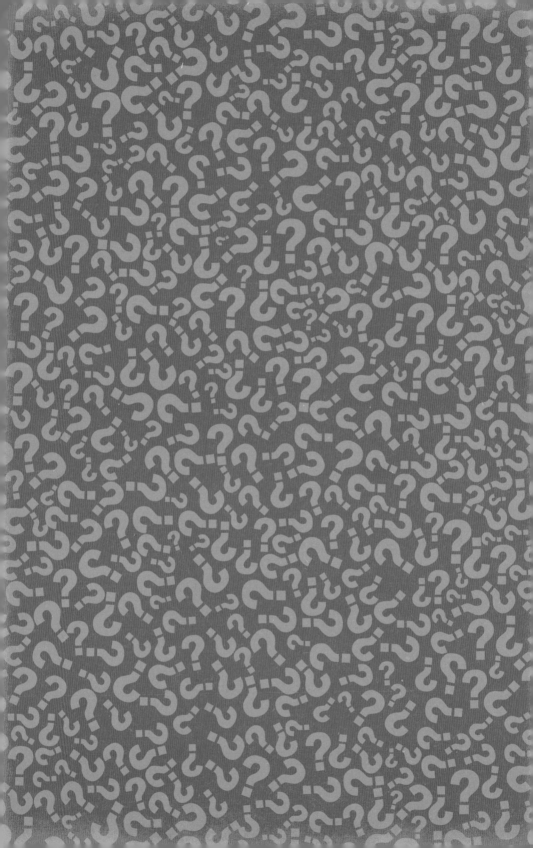

모르면 모르는 거지
왜 '잘 모르겠습니다'라고 하는가?

솔직하게 말하는 용기

학창시절 수학 선생님이 물어본다.

"17번, 답이 뭐지?"

학생은 답을 전혀 모름에도 불구하고 이렇게 대답한다.

"잘 모르겠는데요."

그럼 좀 끈질긴 선생님은 이렇게 말한다.

"그럼 아는 데까지 말해봐."

"……."

일순간 교실엔 침묵이 흐르고 17번 학생의 등골은 오싹해진다. 인성교육을 강조하는 학교에서 17번 학생은 순식간에 거짓말쟁이가 되어 있었다. 아마도 이 글을 읽고 있는 독자도 이런

일상생활 속 평범한 사실을 의심하고 질문하라

경험이 한 번쯤은 있을 것이다. 누구나 한 번쯤은 해봤을 거짓말이다. 물론 정말 조금만 알아서 말 그대로 '잘' 모르기 때문에 그렇게 대답할 수도 있다. 하지만 대부분의 경우는 전혀 모르면서도 우리는 습관적으로 '잘 모르겠다'고 한다. 그것도 아주 자연스럽게 말이다.

모르는 것을 모른다고 자신 있게 말하지 못하는 태도. 참 안타까운 습관이다. 아마 모른다고 대답했을 때 선생님으로부터 혼날 것을 미리 염려하거나 친구들에게 부끄럽기 때문에 이렇게 대답했을 것이다. 도대체 무엇이, '모르는 것을 묻고 배우기 위해 다녀야 하는' 학교에서마저 '모른다'라고 말하는 것을 무슨 죄를 지은 것 마냥 어렵게 만들었을까?

이러한 습관들은 고등학교를 졸업하고 나서 어른이 된 후에도 계속된다. 학교에서마저 질문하는 것에 익숙하지 않았던 사람이 어른이 되서 모르는 것을 묻기란 더 쉽지 않다. 이건 정말 큰 문제이다.

어른이 되면 누군가에게 모르는 것을 묻는 일이 참 서툴러진다. '이것도 모르냐고 흉보면 어쩌지.'라는 걱정 때문인 것 같다. '지금까지 살아온 세월이 얼마인데.' 하고 자존심이 상하는 것일 수도 있다. 하지만 겁내지 말고 자신 있게 자신의 모름을 알려야 한다. 그래야 누군가 알려 줄 것이기 때문이다. 학교에서 배운 것만으로는 이 세상을 살아가기에 턱없이 부족하다. 그래서 언제 어디서든 배울 자세가 되어있어야 한다.

배움의 자세의 첫 번째는 '모름'을 인정하는 자세에서 비롯된다. 알면 아는 거고 모르면 모르는 거다. "잘 모르겠다"라는 말로 자신을 속이려 하면 안 된다. 흐지부지한 태도로 '모름'을 대한다면 평생 '잘' 모르는 상태로 살아가게 된다.

다행히도 질문하는 것은 습관의 영역이기 때문에 노력을 하면 얼마든지 고칠 수 있다. "잘 모르겠습니다"에서 '잘'이라는 한 단어만 빼면 된다. "모르겠습니다"라고 세상을 향해 뻔뻔하게 물어본다면 세상은 아무렇지 않게 가르쳐줄 것이다. 스스로가 만든 부끄러움이란 틀을 깰 수 있는 사람은 오로지 자기 자신뿐이다.

자, 다시 한 번 선생님이 물어온다.

"자, 19번 문제 답이 뭐지?"

"모르겠습니다!!"

겸손이 미덕이다?

겸손에 대한 오해

매해 연말이면 대부분의 방송사에서 연기대상이다 연예대상이다 해서 시상식 하는 것을 흔하게 볼 수 있다. 방송계열뿐만 아니다. 각지의 분야에서 연말을 정산하는 의미로 여러 시상식이 열린다. 저마다 시상식이나 상의 종류는 다르지만, 한결같이 모든 시상식에서 비슷한 모습을 보이는 것이 있다. 바로 수상 소감이다.

수상 소감에는 크게 두 가지 유형이 있다. 하나는 '채찍질' 형, 다른 하나는 '감동과 눈물' 형이다.

채찍질 형의 단골 수상 소감은 대충 이런 식이다. "제가 이상을 받아도 되는지 잘 모르겠습니다, 앞으로 더 잘하라는 뜻으로 알고 최선을 다하겠습니다." 이런 경우는 상의 의미를 잘 모르고 수상 소감을 말하는 것이다. 상이라는 것은 '잘했으니까' 주는 거지, '잘하라고' 주는 상은 이 세상에 없다. 누군가 '잘하라'는 의미로 상을 주었다면, 그건 상이 아니라 격려로 봐야 할 것이다. '앞으로 더 잘하라는 뜻으로 알겠다'는 것, 그것은 '상'에 대한 모욕이다.

감동과 눈물 형은 수상자에게는 미안하지만 수상 소감이 지루하거나 재미가 없다. 물론 그 상을 받기까지 얼마나 힘겨운 역경의 시간을 보냈을지는 설명하지 않아도 알 것 같다. 하지만 필자는 수상자가 상 받을 때만큼은 수상을 진심으로, 온몸으로 즐겼으면 하는 바람이 있다. 세상에 상 받고 그렇게 불편해하는 모습을 보일 필요가 있을까?

우리나라는 예전부터 동방예의지국으로 체면과 예의를 목숨보다 중요하게 생각하는 사회였다. 필자가 어렸을 때도 항상 겸손하고 자랑하지 말라고 배워왔고, 그 질서를 충분히 지키며 살아왔다. 그렇게 살다보니 단점이 하나 있다. 내 자신이 아닌, 거짓의 껍데기를 쓴 채 살아가는 것 같이 느껴질 때가 있는 것이다.

만인의 고민인 다이어트를 예로 들어보면 이해하기가 한결 쉬울 것이다. 우리는 여름이 있는 나라에 사는 죄로 겨울의 찬 바람이 물러설 때쯤 되면 너 나 할 것 없이 자신의 몸매에 대해서 신경을 쓴다. 그래서 약속이나 한 듯이 살을 빼기 위해 집주변의 ·헬스장으로 모두 모여들고 저녁의 학교 운동장은 태릉선수촌을 방불케 한다. 우리는 왜 그렇게 열심히 운동하는가? 물론 자신의 건강을 위하기도 하지만 많은 사람들이 주변사람들에게 가꾸어진 자신의 몸을 뽐내기 위함을 동기부여로 삼는다. 인간에겐 누구나 다른 사람에게 자랑하고 싶어 하는 욕구, 다르게 말해 '자기표현의 욕구'가 존재한다. 그래서 먹고 싶은 야식, 술자리까지 포기하면서 애꿎은 닭가슴살만 축내고 밤새도록 이마에 땀나도록 뛰어다니는 것이다.

그렇게 열심히 운동해서 원하는 몸매를 가졌는데 정작 주위 사람들이 몰라주면 그 서운함은 말을 안 해서 그렇지 허탈하기 짝이 없다. 그러다 누가 자신의 노력의 결실을 눈치채고 '살 많이 빠졌네?' 혹은 '요즘 운동하나 봐, 몸이 좋아졌네.'라고 하면 우리는 기다렸다는 듯이 극구 손사래를 치며 강한 부정을 한다.

그렇다. 강한 부정은 강한 긍정이라 했다. '그래, 내가 이렇게 되려고 흘린 땀보다 흘린 눈물이 더 많다는 걸 아느냐!'라고 소리치고 싶지만 점잔 빼기 바쁘다. 필자는 솔직한 게 나쁘다고 생각하지 않는다. 우리는 왜 솔직하게 말하지 못하는가?

많은 사람들이 자신에 대한 칭찬을 들을 때면 어쩔 줄 몰라 한다. 이제는 그러지 말자는 이야기이다 미국 드라마를 보면 많이 나오는 대사 중에 'You deserve it.'이라는 말이 있다. 우리말로 하면 '너는 충분히 그럴만한 자격 있다'라는 의미이다.

그렇다. 우리는 충분히 그럴만한 자격이 있다. 우리도 무언가 자랑할 만한 게 있을 때 혹은 그냥 자랑하고 싶을 때, 공작새가 화려한 자신의 꼬리털을 뽐내듯이 마음껏 자랑하고 즐겼으면 좋겠다.

뼈 빠지게 열심히 노력하고 얻은 결과에 대해서는 조금은 자랑하고 어깨에 힘 좀 들어가도 되지 않을까? 그 정도는 이해하고 받아들일 정도의 여유는 누구나 가지고 있다고 생각한다. 앞으로 누군가 칭찬하거나 부러워하면 시쳇말로 쿨하게 'Thank you!'라고 말하길 바란다.

지나친 겸손은 미덕이 아니다. 만약 누군가 당신에게 겸손하라고 다그친다면 그 사람은 당신을 부러워하는 것이라고 백 퍼센트 확신한다.

담뱃갑에 적힌
금연 문구가 갖는 의미는 뭘까?

인간의 모순

필자는 비흡연자이다. 그래서 담배를 사본 적은 없지만 편의점이나 마트를 갈 때마다 계산대 뒤편에 있는 형형색색 디자인의 담뱃갑에 눈길을 빼앗긴다. 흔히들 담배를 놓고 백해무익하다고 말한다. 그러니 값도 비싼 담배 한 갑이 치열한 상품 경쟁을 하기 위해 저마다 자신의 외적 아름다움을 뽐내려고 부단히 노력하는지도 모르겠다. 우리가 담배라는 이미지를 떠올려보면 꼭 함께 떠오르는 단어가 있다. 바로 '금연'이다. 매년 해가 바뀔 때마다 사람들이 가장 많이 결심하는 새해 목표로 금연은 단골 주제이다. 길거리를 걷다 보면 금연을 권장하는 공익광고 포스터를 볼 수 있고, TV에서도 흡연의 위험성을 알리는 각종 캠페인이 방송된다. 보건복지부에서는 2016년 12월 23일부터 담뱃갑에 경고 그림 표기를 의무화하기로 결정했다. 정말로 금연은 사회적인 큰 관심거리임에는 분명해 보인다.

그런데 가만히 생각해보면 담배라는 상품은 인간의 모순됨을 가장 극명하고 쉽게 표현한다. 담배를 파는 입장에서는 "이 담배가 이러저러하게 안 좋은 점을 가지고 있어. 그래도 살래?"라고 말을 하고 있는 셈이다. 그리고 마찬가지로 담배를 사는 사람 입장 역시 "이러저러한 안 좋은 점이 있는 거 다 알지만 그래도 나는 담배를 피우겠어."라고 말하고 있는 것이다.

일상생활 속 평범한 사실을 의심하고 질문하라

자본주의 사회에서 법이 허용하는 상품을 정상적인 절차에 의해서 사고파는 것에 대해서 잘못되었다고 말하고 싶은 것이 아니다. 우리가 이렇게 일상생활에서 흔하게 볼 수 있는 기호품인 담배로, 우리의 본성을 깨달을 수 있다는 것을 말하고 싶은 것이다. 우리는 참 모순적이고 예외적인 사고를 하면서 산다.

조금 이해하기 쉽게 예를 들어보면 이런 것이다. 우리가 침대를 사러 가구점에 갔다. 그런데 거기에 있는 한 침대에 이런 문구가 적혀있다. "이 침대는 6시간 이상 수면 시 척추에 무리가 갈 수 있고, 장기간 사용 시 척추 질환을 유발할 수 있습니다." 그리고 그 옆에는 해당 침대를 사용하고 부작용으로 척추 질환을 겪고 있는 사람의 X-ray 사진이 떡하니 게시되어 있다. 만약 이런 경고 문구와 사진이 적혀있는 침대를 봤다면 소비자는 과연 그 침대를 사고 싶은 마음이 들까? 또 다른 예를 들어보자. TV를 사러 가전제품 매장에 갔다. 그런데 역시 어떤 제품에 이런 경고 문구가 적혀있다. "본 제품은 장시간 시청 시 극심한 시력 손상을 야기할 수 있으며 연속 24시간 이상 사용 시 폭발의 위험이 있으니 주의바랍니다." 그리고 그 옆에는 친절하게 TV가 불에 탄 사진이 게시되어 있다면 이 TV를 사고 싶은 소비자가 과연 얼마나 될까? 앞서 이야기한 2가지 예시에 대해서는 독자들이 많이 공감을 할 수 있을 것이다. 그렇다면 이제는 담배라는 상품이 가지고 있는 모순에 대해서 한 번쯤은 생각할 수 있을 것이다.

인간은 이성적이고 합리적인 판단을 하는 동물이라고 여겨진다. 물론 틀린 말은 아니다. 하지만 우리는 가끔 지나치게 눈에 보이는 '모순'도 가려내지 못할 때가 있다. 매번 이성적이고 논리적이고 합리적인 사고를 하는 것은 쉽지 않다. 그러나 가끔은 일상생활 속의 크고 작은 모순됨에 대해서 생각해보는 것도 흐려진 이성의 날을 닦는 데 도움이 될 것이다.

왜 바나나를
바나나라고 부를까?

습관적 인식의 무서움

우리는 무의식적으로 혹은 관습적으로, 이제껏 다른 사람들이 해온 대로 당연하게 받아들이고 사는 것들이 많다. 가끔씩 나는 '바나나를 왜 바나나라고 부를까?' 하고 궁금할 때가 있었다.

그렇다. 우리가 알고 있는 노랗고 길쭉한 열대과일 바나나 말이다. 조금은 황당하고 생뚱맞게 들릴 수도 있다. 아마 한 번도 그런 생각을 해본 적 없기 때문일 것이다. 바나나를 바나나라고 배워서 바나나라고 불러오던 사람들에게 다소 황당할 수도 있는 질문이다.

어린아이들이 처음에 단어를 배울 때를 상상해보자. 낱말 카드나 단어가 가득한 포스터를 벽에 붙여놓고 비행기 그림을 가리키며 '이거는 비행기', 사과 그림을 가리키며 '이거는 사과'라고 가르쳐준다. 하지만 초등학교, 중학교, 고등학교를 졸업할 때까지 아무도 비행기를 왜 비행기라고 하고 사과를 왜 사과라고 부르는지에 대해서는 아무도 묻지도 알려주지도 않는다.

질문으로 돌아가서 사람들이 바나나라는 과일을 처음 발견하고 먹기 시작하면서 누군가가 처음으로 이 이름 모를 과일에 '바나나'라는 이름을 붙였을 것이다. 여러 분야의 학문에서 새로운 곤충이나 식물 등을 발견하면 발견한 사람의 이름이나 발견된 지명을 따서 이름을 붙이는 것처럼 말이다. 하지만 바나나를 비롯한 수많은 이름들이 어떤 이유로 그 이름을 갖게 되었으며 왜 그렇게 부르는지 우리는 궁금해하지 않는다.

누군가 노랗고 긴 과일을 '바나나'라고 부르기 시작한 후부터 지금까지 전 세계 72억 인구 대부분의 사람들이 정확한 의미도 모른 채 '바나나'라고 부르고 있는 것이다. 유행어도 그러하다. 요즘엔 정말이지 하루가 멀다 하고 신조어, 유행어들이 만들어지고 있다. 최근에 만든 유행어조차 누가 처음 만들었고 쓰기 시작했는지는 알기 어렵다. 이처럼 우리는 일상 속에서 이름 모르는 누군가가 정해놓은 이름들을 영문도 모른 채, 궁금해하지도 않은 채 아무렇지 않게 쓰고 있다. 우리는 습관에 익숙해져서 혹은 이유 없이 당연하다고 생각하고 받아들이고 사는 것들이 너무 많다.

이는 고정관념이 생기는 과정과 비슷하다. 이것으로 미루어

보아 고정관념을 갖지 않기 위한 예방법은 꽤 단순하다. 계속해서 의심하고 '이거는 왜 이렇지?' 라고 끊임없이 의문을 가지는 것이다. 세상 모든 것을 끊임없이 의심해야 한다.

하지만 이런 질문을 하기엔 우리가 처한 사회가 질문에 너무 야박하다. 만약 6살 꼬마아이가 '왜 바나나를 바나나라고 불러요?'라고 하면 천진난만하다고 여기면서, 어른인 내가 '왜 바나나를 바나나라고 부를까?'라고 물어보면 무슨 이상한 소리냐는 듯 어리둥절한 표정을 지을 것이다.

어른이 되면서 가장 안타까운 것은 내가 해선 안 되는 질문들이 너무 많아진다는 것이다. 하지만 하나 분명한 것은 모든 것을 당연하다고 생각하고, 의심하지 않고, 궁금해하지 않는 순간

바나나를 닮아서 바나나인가?

부터 인생은 점점 딱딱하게 굳어져가고 재미없어지고 발전이 없어진다. 물이 고이면 어떻게 되는가? 썩지 않는가? 질문도 마찬가지이다. 질문이 순환하지 않고 고이기 시작하면 생각은 썩기 시작한다. 그렇기 때문에 우리는 살기 위해 질문을 해야 한다. 다시 말하지만 세상에 당연한 것은 하나도 없다. 어떤 습관을 가질 것인지 자신의 선택에 달려있다.

아! 이야기를 마치기 전에 잠시 본문의 주인공인 '바나나 banana'라는 이름의 의미를 간략히 설명하도록 하겠다. 바나나의 어원은 '손가락finger'을 뜻하는 아랍어 '바난banan'이다. 바나나 한 다발을 'one hand'라고 하며 낱개로 한 개를 'one finger'라고 표현한다. 우리나라에서는 '한 손'이라고 부른다. 즉, 바나나를 사람의 손에 비유하여 이름이 유래된 것이다.

생각보다 단순하지 않은가? 그저 바나나 한 다발과 사람의 손, 이 둘의 형태의 유사성에서 비롯된 말이니 말이다. 하지만 이를 몰랐던 사람들도 적지 않았을 것이다. 물론 이런 유래를 모른다고 해서 바나나 맛을 음미하는 데 전혀 문제가 되지 않는다. 하지만 알면 알수록 재밌는 게 세상의 이치이다.

노래방에서 점수가 나오는 이유?

뭐든지 숫자로 표현하는 세상의 위험성

영화관에서 영화를 고를 때 무엇을 기준으로 고르는가? 좋아하는 감독, 배우 혹은 스토리를 보고 고를 때도 있지만 많은 사람들이 이미 본 사람들의 평점을 보고 고르는 경우가 많다. 사람들은 무의식적으로 숫자를 신뢰하는 경향이 있다. 이처럼 숫자가 밀접한 곳이 또 하나 있다. 바로 노래방이다. 노래방에 갔을 때 노래를 다 부르고 나면 적나라하게 노래 실력을 평가한 점수가 나온다. 그런데 사실 영화나 노래는 객관적으로 점수를 매겨 수치화하기 어려운 것들이다. 이들을 굳이 숫자로 매기는 이유가 뭘까?

사실 우리는 어렸을 때부터 숫자에 익숙한 삶을 살아왔다. 대부분의 독자 분들이 학창시절만 해도 스스로의 정체성을 몇 학년, 몇 반, 몇 번으로 나타냈던 기억이 있을 것이다. 때로는 이름 대신 번호로 불리기도 했고, 언제나 시험을 보면서 점수로 등수를 매기기도 했다. 시험 점수로 숫자를 부여하고, 그 숫자로 등수라는 또 다른 숫자를 매기는 것이다. 그래서 시험이 끝나고 나면 점수와 등수가 좋은 학생과 그렇지 못한 학생으로 분류되었다. 이러한 현상은 어른이 된 후에도 크게 달라지지 않는다. 대학교에 가면 학번이 부여되고 시험점수가 영어 알파벳으로 바뀐 것 외에는 토익을 비롯한 여러 시험의 점수들이 대학 시절을 잘 보냈는지에 대한 판단 기준이 된다. 이는 뭐든 눈으로 확인함으로써 안정을 추구하는 인간의 심리 때문이라 생각한다.

숫자를 좋아하는 인간의 심리를 반영하는 또 다른 예는 주위에서 쉽게 찾아볼 수 있다. 소개팅을 앞두고 주선자에게 소개팅에 나오는 남자 혹은 여자에 대해서 그 사람 성격이 어떤지, 뭘 좋아하는지, 싫어하는 게 뭔지에 대해 상대를 배려하거나 인간적인 궁금증에서 비롯된 질문들보다 키는 얼마인지, 연봉은 얼마인지에 대한 것들을 더 궁금해한다. 이미 우리는 사람을 숫자로 판단하는 데 익숙하다.

물론 한 사람을 숫자로 표현하는 일은 어렵지 않다. 키가 몇 센티미터인지, 연봉이 얼마인지, 집은 몇 평인지, 타고 다니는 차는 몇 cc인지, 한 달에 읽는 책은 몇 권인지, 입고 있는 옷이 얼마짜리인지 등의 수치로 외모부터 일상생활까지 짐작할 수 있다. 하지만 이는 우리가 상상하는 것에 불과하다. 어쩌면 우리는 자신이 누군가를 만났던 직접적인 경험보다도 객관적 수치를 사람을 이해하는 데 더 신뢰하는지 모르겠다.

우리가 알게 모르게 숫자에 너무 의존하고 살고 있는 것은 아닐까? 그리고 그것의 심각성을 깨닫고 있지 못하는 것은 아닐까? 숫자는 모든 것을 말해주지 않는다. 인간의 삶이라는 게 그렇게 숫자로 모든 것이 표현될 만큼 단순하지 않다. 그런데 숫자로 모든 것을 나타내고 해석하려 드니 숫자로 나타낼 수 없는 영화나 노래 같은 예술 분야도 점수를 매기려는 어리석음을 범한다. 세상의 주도권을 숫자에 뺏기게 되면 그만큼 우리의 인생은 재미없어진다. 숫자로는 표현할 수 없는 마음, 느낌, 생각, 오감도 그저 생략되고 비약된 채 오해만 남을 것이다. 좋아하는 영화가 있다면 그냥 보고 노래방 점수가 몇 점이든 부르고 싶은 노래를 부르는 삶을 사는 게 보다 자연스럽고 행복한 삶이지 않을까?

점수가 형편없군!

시끄러워! 노래는 마음이야!

우리가 알게 모르게
너무 숫자에 의존하고 살고 있는 것은 아닐까?
좋아하는 영화가 있다면 그냥 보고
노래방 점수가 몇 점이든
부르고 싶은 노래를 부르는 삶을 사는 게
보다 자연스럽고 행복한 삶이지 않을까?

어린아이가 어른보다
행복해 보이는 이유?

가끔은 모르는 게 약이다

길을 걷다 보면 표정이 어두운 사람들이 많이 보인다. 정확히 말하면 그런 '어른'들이 많이 보인다. 곰곰이 생각해보면 '살면서 심각한 표정의 어린아이를 본 적이 있는가?' 하는 질문이 떠오른다. 어린아이들이 무슨 고민이 있겠느냐고 무시해선 안 된다. 아이들 역시 자기들 나름의 고민들이 있을 것이다. 어제 숙제를 안 해서 오늘 선생님이나 부모님한테 혼났을 수도 있고 엄마가 사준 자전거를 잃어버려서 이 문제를 어떻게 해결해야 할지 고민일 수도 있다. 나이만 다를 뿐이지 모든 사람들은 제 나이에 맞는 크기의 세상에 살고 있다. 그런데 왜 아이들은 대부분 항상 행복해 보이고 심각한 모습을 잘 보이지 않는데, 어른들은 항상 심각한 모습, 어두운 표정으로 생활하고 있는 걸까?

따지고 보면 어렸을 때의 소원이었던 장난감을 다 사고도 남을 만큼의 경제적 여유도 있고, 먹고 싶은 간식거리를 실컷 먹어도 뭐라고 할 사람도 없을뿐더러, 늦게까지 TV를 본다고 혼날 일도 없다. 어릴 적 소원을 대부분 이룰 수 있음에도 불구하고 어릴 적보다 더 불행하게 느끼는 이유는 뭘까? 여러 이유가 있겠지만 나는 '상상력'의 문제라고 생각한다.

어렸을 때는 아는 게 별로 없다. 절대적인 지식의 양이 부족할 뿐만 아니라 세상살이의 경험도 부족해 모르는 것 천지다. 아이들이 행복한 이유는 아이러니하게도 '무지', 즉 잘 모르기 때문이라는 성급하지만 설득력 있는 결론이 나온다. 하지만 이 무지에는 어마어마한 기능이 숨어있다.

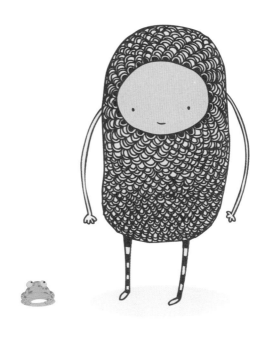

일상생활 속 평범한 사실을 의심하고 질문하라

무지는 '상상'이라는 알을 낳는다. 아이들은 하루의 반을 상상으로 보낸다. 경험이라는 공급이 호기심이라는 수요를 모두 충족하지 못하기 때문이다. 아이들의 이야기나 질문은 많은 부분이 현재가 아닌 미래에 대한 이야기이다. 그들은 지식에 기대지 않고, 자신이 상상하는 것들에 기초해서 이야기한다.

그렇다. 여기에 바로 중요한 차이가 있는 것이다. 어른이 불행한 이유는 역설적이게도 너무 많은 것을 알아버렸기 때문이다. 살다보면 모르는 게 약이 될 때가 있다. 알아봤자 고민만 되는 것들이 많다. 물론 어른이 되면 자신의 미래에 대비하고 책임을 질 줄 알아야 하기에 배우고 모르는 것을 알기 위해 노력해야 한다. 하지만 문제는 너무 필요 이상으로 많이 알고 많이 걱정한다는 데 있다. 뭐든 적당해야 좋은 것이다. 이는 고민 또한 마찬가지이다.

앞으로 우리는 살아갈수록 아는 것들이 많아지면 많아지지 줄어들지는 않는다. 다시 말해 우리가 불행해질 수 있는 가능성 또한 그만큼 더 높아지는 것이다. 그래서 우리는 '선택적 무지 상태'를 훈련을 통해서 적당히 이용할 줄 알아야 한다. '선택적 무지 상태'라는 말이 있는지는 모르겠다. 그냥 '아는 것을 일부러 모르는 것처럼 인지하고 행동하는 것'으로 정의하자. 편의상 필자가 조어하고, 부여한 의미이다.

사람들은 종종 일할 때는 일 생각만 하고 놀 때는 놀라는 말을 한다. 신나게 친구나 애인과 놀고 있을 때 일 생각을 하고 있으면 지금 누릴 수 있는 행복마저 뺏기기 때문이다. 우리가 살면서 겪게 되는 고민들을 하루 24시간 일주일 내내 갖고 있으면 너무 힘든 인생이 될 것이다. 가끔은 모두 다 잊고 내려놓을 줄 알아야 한다.

하지만 걱정할 것이 한두 개가 아닌 현대인들에게 이는 쉬운 일이 아니다. 쉬운 일이 아니기에 연습이 필요하다. 행복을 온 몸으로 느껴도 짧은 인생인데, 고민만 하다 가기엔 시간이 아깝다. 그래서 필자는 고민할 때만 고민하자는 생각을 가지는 편이다. 쉴 때나 잠들 때는 최대한 아무 생각도 안 하려고 한다. 어차피 인생을 행복하게 살기 위해 고민하는 거지 고민하기 위해 인생을 사는 게 아니다. 적당히 알고 적당히 고민하는 것도 나쁘지 않은 것 같다. 너무 많이 알려고 하지 말자. 인생이 피곤해지는 지름길이다.

한 번 봤던 영화를
다시 보는 사람의 심리는?

추억거리의 가치
··················

요즘은 케이블 방송 덕분에 영화관에서뿐만 아니라 집에서도 영화를 즐길 수 있는 시대가 되었다. 수많은 방송사에서도 영화를 틀어주고, VOD 서비스를 통해서도 다양한 영화를 볼 수 있는 와중에, 며칠 동안 TV를 보다 보면 많은 방송사들에서 새로운 프로그램보다도 재방송을 많이 한다는 것을 알 수 있다. 한 번 재밌게 본 영화는 몇 번을 봐도 질리지 않는다. 주위에서는 내용도 다 알고 심지어 특정 장면은 대사까지 외우고 있는 영화를 보는 게 뭐가 재미있냐며 핀잔을 줄 때도 있다.

새로운 영화만 봐도 세상에 나온 재밌는 영화를 다 못 볼 텐데 굳이 봤던 영화임에도 재미있게 다시 보는 이유가 뭘까?

필자는 이 질문에 대한 대답의 실마리를 어릴 때 찍은 사진을 모아둔 사진첩에서 찾을 수 있었다. 요즘은 디지털 카메라다 스마트폰이다 해서 쉽게 사진을 찍고, 쉽게 앨범에 저장하는 시대가 되었다. 하지만 많은 이들이 쉽게 사진을 찍는 만큼 그 많은 사진들을 다시 보지는 않는 것 같다. 사진도 너무 많고, 사진이 실물로 없으니 그런 것 같다. 반면 우리가 필름 카메라를 쓸 때, 우리는 한 컷 한 컷 필름을 소중하게 여기고, 한 롤을 다 찍으면 인화하고, 현상해서 앨범에 넣어 심심할 때마다 꺼내보곤 했다.

한 번 본 사진을 여러 번 보는 이유는 뭘까? 바로 사진은 단순히 사진 한 장이 아니라 추억이기 때문이다. 우리는 사진 속 이미지에서 시간을 거슬러 추억을 되새긴다. 추억이라는 건 인생에서 어떤 의미일까? 기억과 구분되어 추억이라는 이름으로 불리는 이유가 있을까? 지금 필자가 글을 쓰는 이 순간에도 한 글자, 한 글자를 쓰고 지나가면 과거가 되어버린다. 그처럼 미래의 시간은 줄어들고 그만큼 과거의 시간은 늘어나는 게 삶의 이치이다. 그런데 이 과거의 추억들이라는 게 고된 현재를 위로해주고 미래를 더 기대하게 만드는 삶의 동기부여가 된다. 그래서 필자는, 추억의 조각은 겨울날의 땔감과도 같아서 많이 가지고 있을수록 인생의 화로를 더 활활 태워 인생을 따뜻하게 데울 수 있다고 생각한다.

앞서 질문으로 돌아가서 영화 이야기를 하자면 아마도 우리가 좋아하고 자주 보는 영화에도 사연이 있는 경우가 많을 것이

일상생활 속 평범한 사실을 의심하고 질문하라

다. 애인과 크리스마스 때 봤던 영화였을 수도 있고 삶에 지쳐 있을 때 위로가 되었던 영화였을 수도 있다. 사람은 추억을 먹고사는 동물이라는 말도 있지 않은가?

추억거리는 많으면 많을수록 좋다. 자, 이제 다가오는 주말에는 집에만 있지 말고 어디든 나가보자. 어차피 지나가는 시간이다. 그냥 지나가는 시간이냐 추억이 될 수 있는 시간이냐는 스스로가 정하는 것이다.

붕어빵 1개 300원
근데 1,000원에 4개를 주는 이유?

현실은 비논리적이다

찬바람이 불면 어묵과 더불어 길거리 음식의 양대 산맥인 녀석이 있다. 달콤한 팥을 듬뿍 머금은… 붕.어.빵 되시겠다.

겨울에 붕어빵을 먹지 않고 넘어가면 왠지 허전하다. 바닷가에 놀러 와서 회를 먹지 않는 기분이랄까? 요즘에는 물가가 많이 올라 붕어빵도 비싸졌지만 그게 붕어빵 탓이랴. 아무리 붕어빵이 예전의 가격을 잃었다 하더라도 여전히 비교적 저렴한 돈으로 겨울의 추위와 맞설 소중한 뜨끈함을 전해주는 달달한 요깃거리다.

지역마다 동네마다, 붕어빵의 가격은 저마다 다르다. 필자가 사는 동네의 붕어빵은 1개에 300원인데 1,000원어치를 사면 4개를 준다. 여기서 문제다. 1개 300원인 붕어빵을 4개 사면 얼마인가? 1,200원이다. 그런데 4개를 1,000원에 준다고? 우리의

일상생활 속 평범한 사실을 의심하고 질문하라

이성이 머릿속 계산기를 아무리 두드려 봐도 1,000원이라는 가격이 나올 수 없는데 말이다. 혹시 '3마리는 정상 크기인데 마지막 4번째 놈은 새끼 붕어빵인가?' 하는 의심을 떨칠 수가 없다. 혹시나 하는 마음에 1,000원어치를 주문하면 하얀 무지 봉투 속에 들어있는 붕어빵은 어른 붕어로 4마리이다. 아가미, 꼬리 다 달려있다. 아니, 어떻게 이럴 수 있단 말인가? 그런데 이렇게 판매하는 곳이 비단 우리 집 앞 붕어빵 가게만이 아니다. 대부분의 붕어빵 가게는 이러한 전략을 쓰고 있다.

방금 필자가 전략이라고 말했는가? 그렇다. 이건 분명 전략이다. 붕어빵 가게 주인과 손님은 붕어빵을 두고 고도의 '밀고 당기기'를 벌이는 것이다. 나는 2개만 먹어도 되는데 400원만 더 내면 하나를 100원에 먹을 수 있는 것이다.

아무리 훌륭한 경제학과 교수나 경영학 박사님이 와도 이 불가사의한 가격의 미스터리를 풀지 못한 채 붕어빵 가게 주인의 전략에 넘어가고 만다. 세계 4대 미스터린가 뭔가까지 갈 필요도 없다. 이처럼 우리 주변에는 이성적인 계산법으로는 정의 내리기가 어려운 일들이 많다. 세상에는 이해되지 않는 일들이 너무나도 많고 설명할 수 없는 일들도 많다. 그 말은 반대로 생각해보면 세상을 너무 이해하려 들거나 설명하려 들지 말라는 뜻이기도 하다. 그러니 우리 너무 계산적으로 살지 말자. 어서 빨리 붕어빵의 계절이 왔으면 좋겠다.

원가가 100원인 커피는 4,000원에 먹는 게 안 아까운데 200억짜리 블록버스터 영화를 9,000원에 보는 것을 비싸다고 생각하는 이유?

문화생활의 가치

요즘은 슈퍼보다 카페를 찾는 게 더 쉬울 정도로 커피의 전성기이자 카페 춘추전국시대이다. 사실 필자 역시 아메리카노에 맛을 들린 이후로 글을 써야 할 때는 항상 집 근처 자주 가는 카페의 자주 앉는 자리에 앉는다. 집 근처의 카페를 좋아하는 이유는 분위기도 마음에 들지만, 무엇보다도 가격 때문이다. 요즘 커피 한 잔이 밥 한 끼보다 비싸다고 난리치는 마당에 2,000원을 넘지 않는 착한 가격이 그보다 더 가까운 카페 세 군데나 물리치고 올 만큼의 동기를 부여해준다.

저마다 좋아하는 카페를 고르는 기준이 다를 것이다. 필자처럼 가격이 중요한 사람도 있고 분위기가 중요한 사람도 있고 커피 맛을 중요하게 여기는 사람까지, 다양하다. 카페가 많다고 하지만 그래도 새로운 카페가 생기는 이유는 찾는 사람이 많기 때문일 것이다.

앞서 말한 자주 가는 카페가 인기 있는 이유는 저렴한 가격뿐만 아니라 그 건물 위에 영화관이 있는 이유도 한몫한다. 영화를 예매하고 기다리는 손님들이 들렀다 가는 경우가 많은 것이다. 필자 역시 영화 보는 것을 좋아하는 사람으로서 문득 궁금한 것이 생겼다. 요즘 젊은 사람들 중에 제값 내고 영화 보는 사람이 얼마나 있을까? 매표소에 가보면 할인되는 카드부터 할인되는 요일까지 9,000원인 제값을 내고 보지 않는 방법이 많이 나와 있다. 오히려 제값 내고 보면 손해 봤다고 생각하거나 똑똑한 소비자가 아니라는 시선까지 느껴야 할 때가 있다.

필자는 아직 어리지만 사실 어디 가서 할인 받을 수 있는 방법이나 혜택 같은 것에 밝지 못하다. 그래서 여태껏 제값 내고 영화를 관람하기 일쑤였다. 그래도 돈이 아깝다는 생각은 하지 않았다. 그런데 가끔은 커피 값이 아깝다고 생각할 때는 있었다. 절대적인 가격의 차이야 커피 한 잔 값보다 영화 티켓 한 장 가격이 훨씬 비싸다. 하지만 그 과정을 보면 이야기가 달라질 것이다. 커피 한 잔을 만드는 데 커피 원재료 가격은 얼마나 할까? 매장

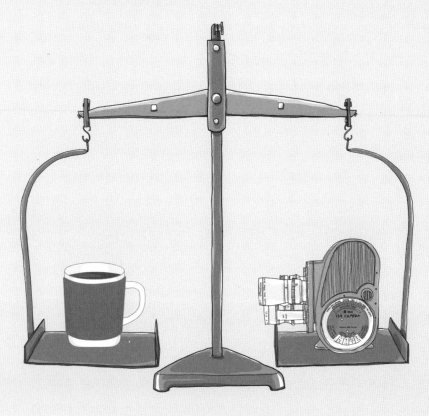

나이가 들면 젊었을 때 읽었던 책 한 권,
영화 한 편이 언젠가 우리를 위로해줄 것이다.

마다 다르겠지만 100~200원 정도밖에 안 한다. 그런데 10배가 넘는 가격을 지불하고 커피를 마셔도 기호의 문제로 치부한다.

하지만 영화는 어떠한가. 영화 한 편 만드는 데 적게는 수천만 원에서 많게는 몇 백억 원도 훌쩍 뛰어넘는다. 그런 천문학적인 비용을 들여 만든 영화를 관람하는 데 단돈 9,000원이면 된다. 세종대왕까지 나설 필요가 없다는 이야기다.

물론 이렇게 말하는 논리에 문제가 있다고 생각할 수 있다. 하지만 필자가 말하고 싶은 것은 문화의 가치에 대해서다. 인생을 풍부하게 하는 것들은 여러 가지가 있겠지만 문화생활을 빼놓고 얘기할 수 없다. 문화생활의 가장 대표적인 것이 영화와 독서일 것이다. 우리들은 영화와 더불어 책을 보는 데 너무 깐깐하지는 않은가 하고 조심스레 생각해본다. 잘 생각해보면 영화표 하나, 책 한 권 값에 너무 인색한 건 아닌지 생각해 볼 필요가 있다. 물론 다른 것들도 중요한 것들이 많다. 하지만 문화라는 무형의 가치는 당장 커피 한 잔처럼 목을 축여주진 못해도, 눈에 띄지는 않아도, 행복한 삶을 사는 데 반드시 필요한 자양분이라는 사실에 반기를 드는 사람은 없을 것이다. 나이가 들면 젊었을 때 읽었던 책 한 권, 영화 한 편이 언젠가 우리를 위로해 줄 것이다.

요거트보다 요거트 뚜껑에 묻은 게 더 맛있게 느껴지는 이유?

삶의 소소한 재미의 중요성

어릴 적 좋아하는 간식 중에 딸기가 들어간 요거트가 있었다. 어린 마음에도 나름 고급 간식이라고 생각했었는지 한 번에 절대 두 개 이상은 안 먹었던 것 같다. 아껴 먹느라 그런지 뚜껑에 묻은 요거트를 싹싹 핥아 먹었던 기억이 난다.

사실 어른이 된 지금도 그렇다. 이제는 요거트 정도는 술값에 비하면 귀여운 가격이지만 이상하게도 요거트 뚜껑에 묻은 요거트를 차마 버릴 수 없다(어릴 적 습관이라는 게 참 무서운 것이다). 그런데 따지고 보면 습관 때문이라기보다는 뚜껑에 묻은 요거트를 요리조리 핥아먹는 행동에 대한 나름의 재미가 쏠쏠하기 때문이다.

《어린왕자》를 흔히 어른들을 위한 동화라고 하는데 나도 어른이 되어 가끔씩 이 책을 읽을 때면 읽을 때마다 다른 의미를 찾게 된다. 이 책에서 가장 마음을 울리는 문구는 '중요한 것은 눈에 보이지 않는다.'는 말이다. 나이가 들어 갈수록 정말 중요한 것은 눈에 보이는 것이라고 믿는 경향이 강해진다. 그러나 《어린왕자》에 나오는 여우의 대사처럼 사막이 아름다운 것은 어딘가에 우물이 있기 때문이고, 정말 중요한 것은 눈에 보이지 않는 법이다. 요거트 뚜껑에 묻은 적은 양의 요거트를 핥아 먹으면서 눈에 보이지 않는 쾌감과 재미를 느끼기 때문에 그러한 행동을 계속해서 하게 되는 것이다.

어렸을 때를 기억해 보면 별거 아닌 것에 굉장한 재미를 느끼곤 했다. 필자가 어릴 적 살았던 집은 마당이 있는 주택이었다. 그래서 어릴 적, 비가 오면 친구들이랑 마당에서 우산 여러 개를 펼치고 그 안에 들어가 놀았던 기억이 있다. 대단한 장난감이나 놀이기구가 필요하지 않았다. 이렇게 어렸을 때 매일 웃음이 넘치고 행복한 이유는 별거 아닌 것에, 소소하다 못해 사소한 것에서도 재미를 느끼고 행복을 느꼈기 때문이다.

그런데 점점 나이가 들고 어른이 되어가면서 재미를 느끼는 데에 거창한 무언가가 필요하다고 생각하게 되는 것 같다. 꼭 어디를 놀러가야 되고 돈을 많이 써서 무언가를 해야 기쁘고 행복하다고 생각한다. 하지만 세상을 사는 일이 어떻게 매일 서프라이즈 파티처럼 느껴지겠는가. 그렇기 때문에 행복의 기대치를 낮춰야 할 필요가 있다고 생각한다. 일상 속 사소한 것에서 재미를 느끼고 행복을 느끼는 법을 배워야 한다.

바쁜 하루 중에서 달달한 커피 한잔, 저녁에 가족과 보내는 식사 시간, 친구와 함께하는 맛집 탐방, 퇴근 후 자전거 타고 동네 한 바퀴… 행복이란 이렇게 사소하고도 작은 일인 경우가 많다. 흔히 듣는 상투적인 말이기도 하지만 행복은 거창하지 않다. 행복을 대단하고 거창한 것에서 찾으려는 순간 눈앞에 널브러져 있는 행복을 못 보게 될 것이다.

유치해지고 사소해지자. 그럼 삶의 재미가 귀찮을 정도로 찾아올 것이다.

일상생활 속 평범한 사실을 의심하고 질문하라

식당 아주머니를 이모, 고모라고는 하는데 숙모라고는 하지 않는 이유?

혈연 중심 사회에서의 이분법적 대인관계에 대하여

한국사회는 참 정이 많은 사회임에 틀림없는 것 같다. 가족을 지칭할 때도 꼭 앞에 '우리'라는 말을 붙인다. '우리' 아빠, '우리' 엄마, '우리' 형, '우리' 누나, '우리' 오빠, '우리' 동생 등 외국인에게 설명해주기 어려운 개념이 바로 '우리'라는 말이 아닐까 생각해본다. 한국의 이러한 호칭 문화 중에서 '우리'와 함께 양대 산맥으로 독특함을 지니고 있는 단어는 '이모'라는 말이지 않을까 생각한다. 우리는 대개 실제 자신의 이모를 부를 때보다 다른 곳에서 이모라는 말을 더 많이 쓴다.

바로 음식점에서 말이다. 식당에 가면 우리는 그렇게 이모를 찾는다. 대한민국 어디든지 이모가 다 있다. 신기하지 않은가? 우리 사회는 정말 모두를 가족처럼 생각하는 정이 많은 문화임은 의심할 여지가 없다. 가끔 경우에 따라서는 고모라고 부르는 경우도 있다. 하지만 우리는 절대로 '숙모'라고는 부르지 않는다. 뭐 이런 궁금증이 있나 하고 생각할지 모르지만 혹시 생각해본 적 있는가?

생각할 가치도 없는 쓸데없는 생각이라고 치부할 수도 있는 질문이지만 가만히 생각해보면 이모도 되고 고모도 되는데 숙모라고 부르지 않는 이유는 뭔지 내심 궁금해진다. 필자는 개인적으로 이 현상을 사회가 혈연 중심 경향이 강함을 나타내는 하나의 증거라고 생각한다. 뭐 어디까지나 검증되지 않은 필자만의 추론이지만 대개 사회에서 결속력 중 가장 강한 게 혈연이나 지연이기 때문이다.

잘 생각해보면 이모나 고모는 어머니의 언니, 여동생 그리고 아버지의 누나, 여동생이다. 다시 말하면 '나'와 혈연관계에 있는 사람들이다. 하지만 숙모는 삼촌이 혼인을 통해 형성된 관계이다. 다시 말해 혈연이 아닌 법적으로 이어져 있는 가족 개념이다. 우리는 무의식중에 나와 혈연관계인 사람과 그렇지 않은 사람을 관습적으로 구분하는 경향이 있는 게 아닌지 생각해봐야 한다. 우리는 일상생활 속에서 주변 사람들을 친근하게 부르기 위해 가족의 호칭을 많이 가져와 사용한다. 그만큼 우리는 나와 가까이 있는 사람과 가족처럼 지내고 싶어 하는 경향이 크다. 이를 좋게 표현하면 정이 많은 긍정적인 요소로 볼 수도 있지만, 부정적으로 생각하면 내 편과 내 편이 아닌 사람, 즉 이분법적으로 나누려 하는 경우가 발생한다는 것으로 볼 수도 있다. 이것은 왜곡된 '정'의 모습이다.

대개 척박하고 힘든 사회 환경 속에서 대인관계를 맺고, 사람들과 어울려 지내다 보면 기대고 싶은 내 편인 사람이 있었으면 하는 게 대부분 사람들의 생각이다. 누군가에게 정을 주고 친하게 대하고 싶은 마음은 자신의 자유이다. 하지만 사람을 고르는 기준은 혈연관계 중심의 이분법적인 잣대를 벗어나 좀 더 유연한 태도를 취하는 것이 좋다. 그래야 다양한 유형의 사람들과 다채로운 관계를 맺을 수 있다. 불필요한 선을 긋거나 이유 없이 상대를 배척해서는 안 될 것이다.

사람을 대할 때는 불필요한 선을 긋거나
이유 없이 상대를 배척해서는 안 될 것이다.

We are family

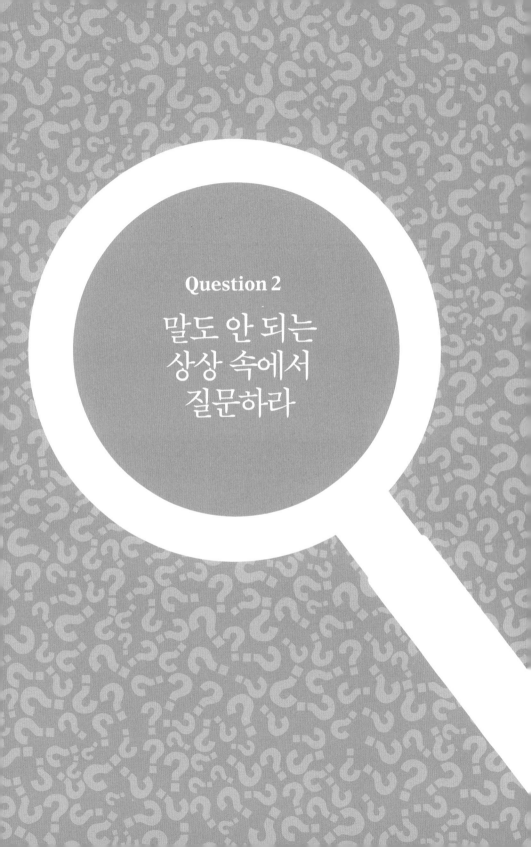

Question 2

말도 안 되는
상상 속에서
질문하라

개의 꼬리가
사람에게도 있다면?

사람 마음을 이해하는 일의 어려움

이 글을 읽는 독자들 중에서 집에서 동물을 키우는 사람들이 있을 것이다. 실제로 1인 가구의 증가 등 여러 이유로 반려동물을 키우는 사람이 증가하고 있다. 키우는 동물의 종류도 개나 고양이뿐만 아니라 금붕어, 거북이, 이구아나 등 다양해졌다. 그 중에서 가장 가까운 동물이 아마 개일 것이다.

개는 동서고금을 막론하고 사람에게 가장 사랑받는 동물이다. 왜일까? 예전에는 사냥개, 양몰이개 등 특정 목적을 지닌 경우가 많았으나 지금은 대개 가정에서 가족 구성원의 일환으로 기르는 경우가 대부분이다. 하고 많은 동물 중에서 하필이면 왜 개를 집에서 키우는 것일까? 크기가 적당해서? 기르기 쉬워서? 만약 그런 이유에서라면 훨씬 작고, 키우는 데 소비되는 경제적

말도 안 되는 상상 속에서 질문하라

비용 부담도 적은 다른 동물들도 있다.

개를 키워본 사람들이라면 알겠지만, 개를 키우는 건 그저 먹이만 준다고 해서 알아서 되는 게 아니다. 사람을 키우는 것만큼이나 시간과 노력과 애정이 필요하다. 개가 수많은 동물 중에서 지금까지도 인간에게 가장 사랑받는 동물인 이유는 개인적으로 개의 '솔직함'에 있다고 생각한다. 개와 더불어 대표적인 반려동물로 꼽히는 고양이의 경우를 보면, 고양이를 키우는 사람들의 대부분은 고양이의 매력을 '도도함'이라고 한다. 그런데 개는 고양이와 정반대 성향의 동물이다. 주인을 보면 좋아하고 꼬리를 흔들지만 낯선 사람을 보면 등줄기의 털을 바짝 세우고 사납게 짖어댄다. 즉, 자신의 감정을 거짓 없이 솔직히 드러내는 것이다.

개의 이런 솔직함의 정점에는 바로 '꼬리'가 있다. 좋으면 꼬리를 흔들며 좋은 티를 한없이 낸다. 이는 우리 인간들은 가지지 않은 굉장한 능력이다. 우리의 모습은 어떤가? 나이가 들면 들수록 자신의 감정을 드러내는 것보다 숨기는 것에 더 익숙해진다. 한편, 놀이터에서 노는 아이들을 보라. 아이들의 세계에서는 하루 만에 절친한 친구가 되기도 한다. 아이들은 자신의 감정을 숨기지 않고 서로에게 표현하기 때문이다. 속된 말로 표현하면 서로 간을 본다는 둥, 재본다는 둥 상대방의 속마음을 알아내려는 식의 눈치게임을 할 필요가 없기 때문이다. 좋으면 좋

기다리던 인간의 진화가 시작된 건가?

은 만큼 마음을 친구에게 표현한다. 이것이야말로 순수함 그 자
체이다.

　인간관계는 그래야 한다고 생각한다. 하지만 어른이 되면 될
수록 그게 어렵다는 것을 느낀다. 그래서 사람들은 나이가 들수
록 사람을 사귀고 마음을 주는 것이 힘들다고 느낄 때가 많다고
하는가 보다. 이러한 문제는 자신의 감정을 드러내지 않고 숨기
기 시작하면서부터 시작된다.

말도 안 되는 상상 속에서 질문하라

만물의 영장으로 여겨지는 인간인 필자가 한낱 개의 꼬리가 부러운 생각이 드는 것이 슬프게 느껴질지도 모른다. 앞으로 동네에서 흔하게 보던 개들을 만난다면, 그 개의 꼬리를 볼 때마다 자신이 얼마나 솔직하지 못한지 혹은 가식적인지를 되돌아볼 수 있는 기회가 되었으면 좋겠다.

개들은 다 알고 있다. 당신의 미소가 진짜인지 아닌지.

당신의 1년은
얼마에 파시겠습니까?

시간은 돈보다 중요하다

누군가 당신에게 다가와 물었다.

"제가 돈이 좀 많습니다. 그래서 당신의 시간을 좀 사고 싶은데, 당신의 1년을 얼마에 파실 건가요?"

"……."

"쉽고 객관적으로 생각합시다. 당신은 1년에 얼마를 버나요? 그 돈을 제가 드릴 테니 1년을 제게 파시겠습니까?"

"……."

"망설여지십니까?"

"……."

"왜죠? 좋습니다. 그럼 제가 두 배를 드리죠."

"……."

"아직도 망설여지십니까? 좋습니다. 까짓것 세 배를 드리죠."

"……."

"그래도 안 파실 건가요? 후회하지 마세요. 저는 이만 가보겠습니다."

앞의 두 사람의 대화를 읽으면서 자신의 1년을 팔지 않은 사람이 어리석다고 느껴졌는가? 흔히들 우스개 농담으로 이런 이야기를 하곤 한다. '누가 너한테 1억을 준다고 하면 지금 너의 1년이랑 바꿀래?' 하고 말이다. 현실에선 절대로 일어날 수 없는 일이긴 하지만 우리는 심각하게 고민하곤 하는데 그 이유가 무엇일까?

당신의 1년은 얼마인가요?

바로 인생에서 떼려야 뗄 수 없는 돈과 관련된 질문이기 때문일 것이다. 어떻게 보면 질문 자체가 참 슬프다고 생각하는 사람도 있을 것이다. 하지만 돈을 결코 간과하고 살 수 없는 현실에서 자신의 연봉의 몇 배를 준다는 제안 또한 쉽게 넘길 수 있는 말은 아니다. 우리는 어릴 때부터 '시간을 아껴 써라', '시간은 금이다' 등의 속담들을 들으면서 시간은 그 무엇과도 바꿀 수 없는 중요한 것이라고 배워왔다. 그리고 그것에 대한 믿음에 결코 한 치의 의심을 가져본 적 또한 없다.

하지만 살다 보면 시간보다 돈이 중요하다고 느낄 때도 있다. 무엇이 맞는 것일까? 아니, 무엇이 옳은 것일까? 나이가 들수록 시간을 돈으로 바꿀 수 있다면 바꾸고 싶다는 생각을 하는 것이 잘못된 생각일까?

요즘에는 맞벌이 부부나 기러기 아빠들처럼 돈 때문에 가족과 지내는 시간을 포기하는 마음 아픈 사람들을 주위에서 쉽게 볼 수 있다. 시간보다 결코 중요한 것은 없다고 믿고 있던 사람들에게 닥친 이러한 어쩔 수 없는 현실이 참 아이러니하지 않을 수 없다.

우리는 시간의 중요성을 최고의 가치로 여겨왔지만 현실에서는 시간보다 중요하게 생각하는 것들이 참 많은 듯하다. 사랑하는 가족 때문에 돈을 버는데 그 돈을 벌기 위해 사랑하는 가족을 보는 시간이 줄어든다는 것을 어떤 논리로 설명해야 되는 걸까? 이것은 비단 앞서 말한 맞벌이 부부나 기러기 아빠의 문제가 아니라 세세하게 생각하면 우리 모두에게 적용되는 일이다.

세상에는 돈으로 계산할 수 없는 것이 많다. 그리고 그 돈으로 계산할 수 없는 것을 갖기 위해서는 돈이 필요한, 역설적인 인생을 살고 있다. 돈과 시간의 가치에 대해 끊임없이 고민해봐야 할 것 같다.

다시 묻겠다.
"당신의 1년은 얼마인가요?"
"그렇다면 1년을 그 값에 파시겠습니까?"

무인도에 딱 하나만
가져가야 한다면?

자기 자신을 외롭게 하지 마라

만약 내일부터 당신이 무인도에 갇히는데 딱 하나의 물건만 갖고 갈 수 있다면 당신은 무엇을 갖고 갈 것인가? 요즘같이 소비의 홍수라는 시대를 살고 있는 현대인에게 딱 하나만 선택하라고 하는 질문은 정말 곤욕일 것이다. 어쩌면 차라리 하나도 가져갈 수 없는 상황이 오히려 받아들이기 편할 것이다. 하지만 필자는 주저하지 않고 고를 수 있다. 그 물건은 바로 '거울'이다. 아마도 많은 사람들이 귀를 의심할 것이다. 무인도에 가는데 거울을 가져간다니. 이 무슨 나르시시즘에 빠진 대답인가 하고 말이다.

잘 보일 사람 하나 없는 무인도라는 공간에서 거울을 가져가고 싶은 이유에 대해 설명하겠다. 필자 역시 무인도에 가 본 적은 없지만 무인도에 간 스스로의 모습을 상상해본다면 아마도 첫날부터 어떻게든 살기 위해 나무와 잎사귀들을 모아 움막도 짓고 나무를 갈아서 낚시도 하며 생존을 위한 준비를 할 것이다. 아마도 어떻게든 살아갈 것이다(죽지 못해 산다는 말이 있지 않은가? 이 경우가 바로 그 경우이다). 가장 큰 문제인 '생존'에 대한 문제를 해결했다. 근데 진짜 문제가 남아있다. 바로 '외로움'에 대한 문제이다. 사실 무인도에서의 생존은 의식주에 대한 생존이라기보다는 외로움으로부터의 생존 문제일 확률이 높다.

　사람들과 떨어져서 얼마나 지낼 수 있을까? 아니, 얼마나 버틸 수 있을지를 묻는 게 더 정확할 것 같다. 인간은 사회적 동물이다. 즉 혼자서는 절대로 살아갈 수 없는 동물이라는 것이다. 그런데 무인도에 갇히는 경우처럼 어쩔 수 없이 혼자 있어야 되는 상황이라면 어떻게 할 것인가? 최선의 방법은 무인도의 유일한 거주자인 자기 자신과 지내는 법을 배우는 것이다. 그렇기 때문에 필자는 거울을 가져가고 싶다는 것이다. 다시 말해 거울 속 자신을 보면서 몰골도 좀 확인하고 자기의 안부를 물으며 외롭지 않게 지낼 것이라는 말이다. 자기 자신과 지내라니? 무슨 정신 나간 소리처럼 들릴지 모르겠지만 사람은 누구나 내면의 또 다른 자아와 소통을 하며 산다. 평소에 느끼지 못할 뿐이지 이 글을 읽고 있는 당신도 마찬가지다. 사실 우리가 흔히 말하는 '혼잣말'이라는 것이 있지 않은가? 아무도 없는 집에서 청자

없는 대화 말이다. 사람은 누구나 여러 개의 자아가 공존하고 자신을 제3자화할 수 있는 능력이 있다.

　이처럼 외로움이라는 인생의 영원한 문제를 다루기 위해서라도, 굳이 무인도에 들어가는 극한 상황이 아니더라도 평소에 '자기 자신과 대화하는 법'을 배워야 한다고 생각한다. 지금 우리가 살고 있는 일상생활 속에서도 그렇다. 주위에 가족, 친구, 연인이 있어도 그들이 채워주지 못하는 근본적인 외로움이 있다. 인간에게 '외로움'의 문제는 먹고사는 문제만큼 중요하다. 이 문제를 해결하는 것을 거창하게 생각할 필요 없다. 아마도 모든 사람들이 살면서 외로움을 겪어봤을 것이다.

　산다는 것 자체가 근원적으로 외로운 일이라고 하지 않던가. 아무리 많은 사람들 속에 살더라도 가끔씩은 자기 스스로와 대화하고 놀아주어야 한다. 그래야 인생을 진정으로 외롭지 않게 살 수 있다고 생각한다. 다른 사람들과 지내는 시간 때문에 정작 자기 스스로를 외롭게 하지 않기를 바란다. 거울을 볼 때마다 넌지시 한번 물어보는 건 어떨까? 잘 지내고 있느냐고 말이다.

내가 계획한 대로 살 수 있다면
과연 행복할까?

인생이 감동적인 이유

'인생은 고통이야.'라는 유명한 영화 대사가 있다. 인생을 산다는 게 힘든 것을 넘어서 고통스럽다고 표현하는 이 영화 대사가 명대사로 꼽히는 이유는 그만큼 공감하는 사람들이 많다는 증거일 것이다. 그렇다면 인생이 힘든 이유는 무엇 때문일까? 사람들은 저마다 자신이 살고 싶어 하는 인생의 조건들이 존재한다. 그리고 그 조건을 충족하기 위해 저마다의 위치에서 열심히 살아간다. 때론 치열하다고까지 생각된다. 인생이 힘들다고 생각하는 이유 중 하나는 인생이라는 게 계획대로 되는 일보다 그렇지 못한 일이 더 많기 때문이 아닐까 하고 조심스레 생각해 본다. 열심히 공부한 학생이 원하는 점수를 받지 못할 수도 있고 자신이 좋아하는 사람에게 고백을 했는데 퇴짜를 맞을 수도 있다. 그리고 계획을 해놓아도 예상치 못한 일 때문에 계획이 틀어지는 경우가 많다. 어쩌면 생각대로 되는 일보다 그렇지 않은 일이 훨씬 더 많은 게 인생이다. 그런 실패와 절망 속에서도 우리를 살게 하는 원동력은 무엇일까? 그리고 계획대로 살지 못하는 인생을 아름답다고 생각하는 세상 사람들의 말을 어떻게 이해해야 할까?

한 사람의 인생을 다루는 영화들을 보면 어느 정도 정답을 찾을 수 있다. 예를 들어, 역경을 딛고 일어서는 한 무명 운동선수의 인생을 다룬 영화는 관객들에게 감동을 주기에 충분하다. 그런데 만약 2시간 남짓하는 영화 상영시간 동안 주인공에게 아무런 어려움이나 역경이 없다고 생각해보자. 하는 것마다 잘되고 승승장구하는 내용만 담는다면 그 영화에서 사람들이 공감을 하고 감동을 받을 수 있을지 한번 생각해보자.

우리는 길을 가다 보면 주변에 수많은 나무들을 볼 수 있다. 같은 종류의 나무라고 할지라도 자라난 모양새가 저마다 제각각이다. 올곧게 잘 뻗은 나무가 있는가 하면 울퉁불퉁하고 휘어서 자란 나무들도 있다. 길에 있는 수많은 나무들 중에서 혹시 자신이 좋아하는 나무가 있는가? 조금 웃기게 들리겠지만 필자는 그런 나무가 하나 있다. 필자가 자주 다니는 길에 있는, 마치 붓으로 획획 그은 듯이 자란 나무이다. 주변에 있는 나무들과 별반 다를 것 없는 흔한 나무 한 그루지만 도로가에 있는 그 나무는 하루에도 수백 대 수천 대의 차들이 내뿜는 퀴퀴한 냄새와 소음 사이에서 하루하루를 보낸다. 그래서인지 굴곡도 많고 거칠어 보이는 그 나무가 왠지 우리네 인생을 표현하고 있는 듯한 느낌이 들 때가 있다. 멀리서 보면 꽤 멋스럽지만 가까이서 보면 여기저기 긁히고 흠집이 나 있는 모습이 투박해 보이기도 한다. 그래도 그 나름대로 아름다움이 존재한다. 길가에 우두커니 서 있는 나무도 충분히 아름다워 보일 수 있다면 우리들 인생도 그렇지 않을까 생각해본다. 인생을 좀 더 감동적으로 살기 위해서 일부러 역경을 찾아다닐 필요는 없다. 그러나 우리가 살면서 겪는 어려움들을 조금이나마 따뜻한 시선으로 바라보는 연습을 하는 건 어떨까 생각해본다. 이 글을 읽고 있는 독자들도 길을 걷다 자신만의 나무 한 그루 정도 만들어보면 어떨까. 같이 역경을 이겨내는 나무 말이다. 지금보다 좀 더 의미있는 인생을 살 수 있게 되지 않을까.

인생을 좀 더 감동적으로 살기 위해서
일부러 역경을 찾아다닐 필요는 없다.

호랑이랑 사자가 싸우면
누가 이길까?

문제의 본질을 깨달아야 한다

사람들이 가장 좋아하는 두 가지가 있는데 불 구경이랑 싸움 구경이란다. 물론 자신이 주인공이 아닐 때의 이야기이다. 어릴 적부터 우리는 남이 싸우는 모습을 즐겨봤던 것 같다. 인형을 가지고 누가 더 힘이 센지 겨뤄보는 놀이나 팽이나 연날리기처럼 남과 겨루는 놀이를 많이 하고 "누가 더 세?"를 자주 물어보는 것을 보면, 비교하는 것은 우리의 큰 재미인가 보다. 그리고 이런 겨루기에 대해서 가장 많이 하는 질문 중에 하나가 바로 '호랑이와 사자가 싸우면 누가 이길까?'라는 질문이다. 밀림의 왕을 가리기 위한 사람들의 순수한 질문일지 모르겠지만 사실은 얄궂기 짝이 없는 질문이다. 저마다 좋아하는 동물이 뭐냐에 따라 호랑이가 이긴다, 사자가 이긴다 등의 주장을 펼치고, 나름 각자의 이유를 대면서 열변을 토한다. 그러다가 옆에 있는 친구가 아무렇지 않게 코끼리가 최고라고, 호랑이와 사자 둘 다 이긴다고 한마디 거들기도 한다.

우리는 도대체 왜 가만히 있는 호랑이와 사자를 싸움 붙이려 하는 걸까? 심지어 코끼리처럼 전혀 상관없던 동물까지 말이다. 이 질문에 대한 답을 내리려면, 이 질문의 이면에 있는, 본질적인 문제에 대해 생각해보아야 한다. 이 질문은 호랑이와 사자의 '능력 비교' 이전에 '동물의 1인자'는 누구인가를 가리는 문제이다. 사람들이 사는 세상도 마찬가지로 어느 분야든 1인자와 2인자의 싸움은 치열하고 관심이 가기 마련이다. 우리가 생활하면서 느끼는 이런 궁금함이 동물들에게로 전이되어 동물의 1인자를 고민하는 질문까지 하게 되는 것이다. 하지만 '호랑이와 사자가 싸우면 누가 이길까?'라는 질문에 대해서 답을 하기 전에 우리가 생각하지 못했던 큰 전제가 하나 있다. 그것은 바로 '호랑이와 사자가 도대체 뭐 때문에 싸우는 것인가?'이다. 가만히 생각해보면 그렇지 않은가? 싸움에는 명분이 중요하다. 싸우는 이유가 무엇이냐에 따라 결과가 달라질 수도 있기 때문이다. 그런데 가만히 생각해보면 호랑이랑 사자가 싸울 일이 뭐가 있을까?

비록 나는 동물학자도 생태학자도 아니지만 조금만 생각해보더라도 이 질문은 질문 자체가 잘못되었다는 것을 알 수 있다. 인간은 세상 모든 것을 이분법적으로 나누는 것을 좋아하는 경향이 있다. 자연계 동물들을 바라보는 시선 역시 마찬가지이다. 인간과 인간이 아닌 동물들로 말이다. 이는 지극히 인간 중심적인 생각이 아닐 수 없다.

우리가 봤을 때 호랑이와 사자는 그저 넓은 초원 위를 뛰어다니는 하나의 야생동물 무리라고 생각하지만 호랑이와 사자는 엄연히 다른 동물이다. 다시 말해 이 질문은 '사람이랑 기린이랑 싸우면 누가 이길까?'라는 질문이랑 같은 것이다. 아니, 도대체 사람이랑 기린이 싸울 일이 뭐가 있단 말인가? 만약 '사람과 기린이랑 싸우면 누가 이길까?'라는 질문을 한다면 아마도 대부분의 사람은 '사람이 기린이랑 왜 싸워?' 하고 반문할 것이다. 그러곤 질문을 던진 사람을 이상한 눈으로 쳐다볼 것이다. 하지만 호랑이와 사자의 질문에선 왜 인지를 못하는 것일까?

그 이유는 과거 학창시절 수학 시간에서 찾아볼 수 있다. 학창시절 수학 문제를 잘 푸는 학생과 못 푸는 학생의 차이를 보면 알 수 있다. 문제를 잘 푸는 학생은 성급하게 바로 펜을 들기보다 문제를 이해하고 이 문제에서 왜 이것을 묻는지에 대해 고민한다. 반면 수학 문제를 잘 못 푸는 학생은 생각하지 않은 채

일단 펜을 들고 무언가 끼적이기 시작한다. 쉽게 말해 문제를 파악하기도 전에 답부터 내리는 것이다. 물론 처음에는 후자의 학생이 잘 하는 것처럼 보이지만 결국에 점수가 높은 건 전자의 학생일 확률이 높다. 인생의 문제도 마찬가지다. 성급하게 펜부터 들 게 아니라 물어보는 문제가 틀리진 않았는지 이 문제를 왜 물어보는지 의도를 먼저 파악하는 여유를 가져야 한다. 글의 맨 처음에 했던 질문 역시 '호랑이와 사자'가 왜 싸우는지 먼저 물어봐야 한다. 누가 이기고 지는 건 그 다음 문제인 것이다.

오늘도 들판 위의 호랑이와 사자는 평온하게 쉬고 있다. 인간들이여, 괜히 잠자는 이들의 코털을 건드리지 말자.

말도 안 되는 상상 속에서 질문하라

가장 좋아하는 음식을 매끼 먹어야 한다면
며칠 정도 먹을 수 있을까?

권태를 극복하는 방법
....

자신이 가장 좋아하는 음식을 떠올려 보자. 만약 그 음식을 끼니때마다 먹으라고 하면 얼마나 계속해서 먹을 수 있을까? 난감한 질문이 아닐 수 없다. 아무리 좋아하는 음식이라도 계속 먹으면 질리기 마련이다. 그렇다고 해서 그 음식이 싫어지는 건 아니다. 단지 질리는 것뿐이다.

무언가가 질린다는 건 보통 좋은 경우보다 그 반대의 경우가 더 많다. 예를 들어, 저녁식사를 하려고 식탁에 앉았는데 점심 때 먹었던 김치찌개가 올라와 있으면 질린다고 반찬투정을 하기도 하고, 직장에 출근해서 오늘도 하고 어제도 하고 엊그제도 했던 일을 내일도 하면서 보내야 한다는 게 여간 지겨운 것이 아니다. 그럼에도 문제는 우리는 그 질리는 것들을 해야 한다는 것에 있다. 어쩌면 인간의 삶에서 나타나는 불행이나 우울함의 원인은 반복되는 일상의 지겨움에서 오는 것일 수도 있겠다는 생각을 하곤 한다. 그러나 애석하게도 매일 다르게 살기란 어렵다. 매일 이사를 갈 수도 없고 매일 새로운 곳에 여행을 떠날 수도 없다. 그렇다면 우리는 이런 권태와 새로움의 조화를 어떻게 시킬 수 있을까? 어쩌면 생각보다 간단한 방법이 있지 않을까? 다시 돌아와서 좋아하는 음식을 예로 들어보자.

자신이 좋아하는 음식이 질릴 때 어떻게 할까? 답은 간단하다. 하루 이틀 정도는 다른 음식을 먹어보는 것이다. 그러면 언제 질렸냐는 듯 며칠 후 또다시 좋아하는 음식에 대해 입맛이 생길 것이다. 이를 인생에 대입시켜 보면 답을 얻을 수 있지 않을까?

사람들은 저마다 인생에서 각자 좋아하는 일들이 있을 것이다. 그 좋아하는 일이라는 게 직업일 수도 있고 취미일 수도 있다. 사람들은 보통 좋아하는 일을 할 때 즐겁고 보람된다고 느낀다. 우리 주위를 둘러보면 자신이 원하는 일도 하고 경제적으로도 충분히 여유 있는 생활을 하는데도 불구하고 삶의 만족감이 낮은 사람이 있을 것이다. 왜 그런 걸까? 좋아하는 일을 하고 그것에서 행복을 찾는 것도 중요하지만 그것을 적당히 할 줄 아는 지혜가 필요하다. 그렇게 좋아하는 일도 매일매일 하다 보면 어느 순간 즐겁지 않은 순간이 올 것이기 때문이다. 그렇기 때

85

문에 중요한 것은 권태를 겪지 않는 게 아니라 '권태를 어떻게 극복할 것인가'이다.

그렇다면 권태를 극복하기 위한 동력은 무엇일까? 권태를 극복하기 위한 가장 좋은 방법 중 하나는 좋아하는 일에 대한 성취감이나 성과보다 과정 자체를 즐기려고 노력하는 것이다. 필자 같은 경우는 '음악 듣는 것'을 참 좋아한다. 그래서 답답하거나 하는 일이 막힐 때는 좋아하는 노래를 들으면서 해소하고 다시 균형을 찾는다. 쉽게 말해 우리는 자신이 좋아하는 노래를 듣고 무언가 얻는 데서 행복해지는 것이 아니라 노래를 듣고 있는 동안의 가사와 멜로디 하나하나에서 행복을 느낀다는 뜻이다. 이와 마찬가지로 여행을 통해서 새로운 활력을 찾을 수 있다. 여행을 다녀와서 무언가 얻는 것에서 행복감을 느끼기보다는 여행 전날 짐을 싸고 장을 보고 여행을 떠나는 차 안에서 더 많은 행복감을 느끼는 것도 같은 이치이다. 이처럼 자신이 좋아하는 일을 찾았다면 그 과정을 즐길 수 있도록 최대한 노력하자. 그러면 삶의 권태를 극복하는 데 조금이나마 도움이 되지 않을까 생각해본다.

안식처 없는 모험은 위험하다. 중요한 것은 자기가 삶의 방향을 헤매거나 힘들어하고 있을 때 좋아하는 음악이나 좋아하는 음식처럼 자신을 위로할 수 있는 피난처가 있어야 한다는 것이다.

만약 사람이 죽지 않는다면
행복할까?

어쩔 수 없는 것을 받아들이는 태도

요즘에 가장 유행하는 말 중에 하나가 바로 '100세 시대'라는 말이다. 불과 100년 전까지만 해도 60살까지만 살아도 장수했다고 '환갑 잔치'라는 것을 하던 때가 있었다. 하지만 지금은 의료 기술과 생활 여건의 발전으로 세 자리 나이를 넘보는 시대가 되었다. 그래서인지 가끔은 이런 상상을 하곤 한다.

'만약 기술이 더 발전해서 죽지 않고 영원히 살 수 있다면 과연 행복할까?'

인간은 어디까지나 동물의 범주에 속해 있다. 동물의 가장 큰 본능이자 삶의 목표는 바로 '생존'이다. 다시 말해 '건강하게 오래 사는 게' 동물로서의 기본적 욕구이자 궁극적 가치인 것이다. 그래서 이 욕구가 충족이 된다면 그야말로 인간은 동물로서 최고의 선물을 얻게 되는 것일지도 모른다는 생각이 든다. 하지만 이러한 생각에 대해서 일부분의 사람들은 우려의 목소리를 내고 있는 것도 현실이다. '과연 죽지 않고 사는 것이 진짜 행복한 일일까?' 이런 의견을 내는 사람들 역시 오래 살고 싶어 하기는 매한가지인 똑같은 사람이다. 하지만 왜 이러한 견해를 내는지는 그들의 의견을 들어보면 어렵지 않게 수긍할 수 있다. 바로 삶의 유한성 때문이다. 우리는 지구라는 유한한 환경 속에서 삶을 살고 있다. 삶의 조건을 무한정으로 충족해줄 수 있는 환경이 아니라는 뜻이다. 동물이 태어나고 때가 되면 죽을 수밖에 없는 운명이라는 것이 반드시 슬픈 일이라고만 단정 짓기가 어려울 수 있는 것이다. 개인의 관점에서 보면 영원한 장수를 누리는 것이 축복일지 몰라도 인류 전체를 놓고 보았을 때 그것이 반드시 축복이라는 보장은 없는 것이다.

나는 이따금씩 나의 먼 미래를 상상해보곤 한다. 나 역시 사람이고 동물이기에 죽음이라는 단어가 무겁고 두렵게 느껴질 수밖에 없다. 하지만 살면 살수록 우리 주변에는 어쩔 수 없는 것들이 많이 존재한다는 것을 깨닫게 된다. 죽음 역시 그중 하나이다. 때로는 머릿속으로 이해가 되지 않는 일도 분명히 존재하고 그 반대로 머리로는 이해하지만 마음으로는 받아들이기가 힘든 어려운 일들도 존재한다. 인생이라는 것이 제 뜻대로 되지 않는 일이 많다는 것은 누구나 다 아는 사실이다.

그렇다면 '어쩔 수 없는 것들'에 대해서 어떤 태도로 사는 것이 올바른 것일까? 가장 중요한 것은 그것을 받아들이고, 적응하는 것이다. 살아가는 동안 크고 작은 수많은 고비를 넘기며 살아가는 것이 우리들의 인생이다. 그렇기에 인간이 이길 수 없는 것을 무리하게 이기려 하기보다 지혜롭게 때론 보다 현명하게 피해가는 방법을 터득하는 것도 삶을 사는 하나의 지혜가 아닐까 생각해본다. 벽이 단단하면 부수기보단 돌아가는 것처럼 말이다.

행복을 화폐처럼
실물로 가질 수 있다면?

소중한 것들은 눈에 보이지 않는 이유

우리는 셀 수 없이 수많은 물건들 사이에서 살고 있다. 그렇다면 그중에서 최고의 물건은 무엇일까? 바로 화폐, 즉 '돈'일 것이다. 이것은 애 어른 가릴 것 없이 누구나 인정하는 사실이다. 시장경제 속에서 돈이 있으면 자신이 원하는 물건과 교환을 할 수 있다.

그렇다면 질문을 조금 바꿔보자. '우리들의 인생에서 가장 큰 가치가 '돈'을 갖는 일일까?' 이 질문에 선뜻 긍정의 대답을 하기에는 머뭇거려진다. 왜일까? 그 이유는 바로 단순히 '돈'을 벌기 위해서 사는 것이 아니라는 것을 자신 스스로도 알고 있기 때문이다. 우리가 돈을 버는 이유는 자기 자신과 더불어 주위 사랑하는 사람들과 행복하게 살기 위함이다. 인생의 궁극적인 목표가 행복한 삶이라는 것에 반대하는 사람은 아마도 거의 없을 것이다. 그런데 그 행복이라는 것은 도대체 어떻게 얻을 수 있을까 하는 생각을 해보게 된다. 왜냐하면 '행복'이라는 것 자체가 눈에 보이지 않는 허상의 개념이기 때문이다. 집, 자동차, 금, 화폐처럼 눈에 보이거나 손으로 만질 수 있는 물질적 개념이 아니기 때문이다. 그래서 가진 돈이 많다고 해서 반드시 행복한 것이 아니고 그렇지 않다고 해서 반드시 불행한 것이 아니다. 만약 행복이라는 것이 화폐처럼 실물로 가질 수 있는 것이라면 어떨까? 다른 물건들처럼 사고팔 수 있거나 모을 수 있는 것이라면 행복해진다는 것이 조금은 구체적이고 쉬운 일이 되지 않을까? 매달 월급을 받고 저축을 하는 것처럼 행복도 매달 일정 금액을 지불하고 사서 모을 수 있다면 그것이 과연 진짜 우리가 원하는 행복일 수 있을까?

사람들이 그런 말을 할 때가 있다. '세상 모든 것에는 이유가 다 있다.'고 말이다. 우리 주위를 가만히 둘러보면 진짜 중요하고 소중한 것들은 눈에 보이지도 않고 만질 수도 없는 것들이라는 것을 알 수 있다. 그것은 친구 간의 우정이 될 수도 있고 연인 간의 사랑이 될 수도 있고 가족 간의 사랑이 될 수도 있다. 그 의미를 조금 더 확장해본다면 행복뿐만 아니라 성공, 기쁨, 성취감 등이 있다. 이런 개념들 역시 쉽게 계산할 수 없는 것들이기 때문에 그 가치가 중요하다고 생각하는 것일지도 모른다.

말도 안 되는 상상 속에서 질문하라

우리가 만약 소중한 것들은 눈에 보이지 않는다는 것을 깨달을 수 있다면 그 반대의 의미도 알 수 있지 않을까? 바로 눈에 보이지 않는 것 중에 우리가 놓치고 사는 소중한 것들이 많다는 사실 말이다. '본질적인 것은 무게가 없다'는 말이 있다. 빛도 무게를 잴 수 없는 것처럼. 이 책을 읽고 있는 지금도 눈에 보이지 않는 행복들이 자신을 둘러싸고 있을 것이다. 다만 그것을 느낄 수 있느냐 없느냐는 본인의 선택인 것이다.

우리가 만약 소중한 것들은
눈에 보이지 않는다는 것을 깨달을 수 있다면
그 반대의 의미도 알 수 있지 않을까?

하루에 10문장만 말할 수 있다면
무슨 말을 할 것인가?

잡담의 중요성

어릴 적 태어나 성장해가는 여러 과정 중에 가장 중요한 요소 중 하나는 '말을 배운다'는 것이다. 아이들은 오랜 시간 동안 말을 배우게 된다. 처음에는 '엄마, 아빠'같은 단순한 단어에서부터 시작해서 '밥 줘', '이건 뭐야?' 등 자신의 의사를 표현하는 일까지 언어의 학습이라는 것은 인간이 삶을 살아가는 데 있어서 반드시 필요한 과정이다. 그렇게 작은 단어에서 출발한 말이 우리가 동네에서 친구들과 어울리고 학교에 가면서, 학습된 언어를 생산하는데 그 양은 어마어마하다. 한 개인이 30년 정도 살았을 때, 30년 동안 뱉은 말을 모두 글로 기록한다면 얼마나 많은 양의 글이 나올까 하는 쓸데없는 상상을 하곤 한다. 그리고 그중에서 정작 중요한 말은 얼마나 될까 하는 생각도 함께 해본다.

필자가 어렸을 때만 해도 어른들이 '남자가 쓸데없이 말이 많아서는 안 된다', '필요한 말만 해야 한다' 등 잡담을 하거나 중요하지 않은 말을 하는 것에 대해서 좋지 않게 생각하던 때가 있었다.

필자는 보통 글을 쓸 때 집 근처 카페에서 쓰는데 간혹 주변 사람들이 카페는 시끄러운데 글이 써지냐고 묻는 사람들이 있다. 그런데 그건 모르고 하는 말이다. 물론 집중이라는 것이 조용해야 잘될 때도 있지만 반대로 약간의 소음 속이 집중하는 데 도움이 될 때가 있다. 보통 '소음'은 사람의 귀에 거슬리거나 별로 도움이 되지 않는 소리라고 생각하는데 비 오는 소리, 파도가 치는 소리, 시냇물이 흐르는 소리 등은 사람의 심신을 안정되게 하고 불면증에도 효과가 있는 것으로 알려져 있으며 집중력의 정도를 나타내는 '알파파'를 증가시키는 작용을 한다고 한다. 흔히 우리가 '백색소음'이라고 부르는 긍정적인 소음이 오히려 집중하는 데에 더 도움이 되는 것이다. 그래서 학생들이 공부를 하는 독서실에서도 이 백색소음을 일부러 틀어주는 경우가 있다.

하지만 카페에서 글을 쓰다 보면 사람들이 떠드는 수다 소리 중에서도 특별히 내 귀에 콕콕 박히는 소리가 있다. 바로 어머님들이 늘어놓는 수다 소리다. 여러 명의 어머니들이 내 옆 테이블에 앉기 시작하면 그때부터 글 쓰는 속도는 현저히 느려진

말도 안 되는 상상 속에서 질문하라

다. 이유인즉 어느 샌가 나도 모르게 아주머니들 이야기에 사로
잡혀 있기 때문이다. 뭐가 그렇게 재미있으신지 연신 웃어가며
즐겁게 대화하는 것을 듣고 있으면 나 자신도 모르게 어머니들
의 대화에 더 집중하게 된다. 그분들의 대화가 아주 강력한 흡
입력을 가지고 있는 것이 틀림없다. 그런데 가만히 들어보면 그
내용이 아주 배꼽을 잡고 웃을 만한 것들이 아니라, 아주 사소
하고 일상적인 내용들이다. 그분들의 화려한 리액션과 웃음에
비해 내용은 평범하고 누구나 겪을 수 있는 보통 이야기들이다.

그때 깨달았다. 인간의 가장 큰 특징 중에 하나는, 자신의 생
각을 다른 사람과 공유하고 공감하고 싶어 하는 욕구가 강하다
는 점이다. 그러나 더 놀라운 사실은 그 공유나 공감을 필요로
하는 이야깃거리가 거창하거나 대단한 내용일 필요는 없다는
것이다. 무슨 말인고 하면 우리는 꼭 필요한 말은 말을 하지 않
고도 표현할 수 있다. 우리가 외국인을 만났을 때를 떠올려 보
면 외국어를 몰라도 기본적인 대화를 하는 데는 별 문제가 없다
는 것을 알 수 있다. 왜냐하면 인간에겐 몸짓언어, '보디랭귀지'
가 있기 때문이다. 예를 들어 '반갑다, 배가 고프다, 화장실에 가
고 싶다, 몸이 좋지 않다, 재미있다'와 같은 일상생활에서 꼭 필
요한 말들은 굳이 대화를 하지 않아도 표현할 수 있다. 하지만
반드시 대화를 해야 표현할 수 있는 말들도 있다. 예를 들어 '어
제 밥솥을 샀는데 오늘 마트에 가보니 30% 할인 판매를 하더

라. 그래서 속이 상한다.' 혹은 '지난 주말에 친구랑 영화를 봤는데 그 영화 남자 주인공 연기가 별로더라.' 등의 말은 보디랭귀지로 표현하기 어려운 말들이다. 반드시 말로 표현해야 하는 내용들이다. 그러나 밥솥을 할인 가격에 사지 못해 속상하다는 말이나 어제 본 영화 남자 주인공의 연기에 대한 의견은 사실 생활하는 데 반드시 필요한 말들은 아니다.

정리해서 말하자면 인간의 생존에 꼭 필요한 말들은 아이러니하게도 대화를 거치지 않아도 표현할 수 있지만 생존과 직결되지 않아 상대적으로 중요하지 않은, 그러니까 시시콜콜한 내용의 이야기는 반드시 대화를 통해서만 표현할 수 있다는 것이다. 그렇다면 이 시점에서 생각해볼 수 있다. 인간에게 '대화'란 어떤 기능을 갖고 있을까? 사람들은 정말 중요한 말을 표현하기 위해 대화를 하는 경우보다 살아가는 데 그다지 중요하지 않은 말에 에너지를 쏟아가며 말하는 경우가 대부분일지도 모른다.

우리는 흔히들 쓸모없는 대화들을 '잡담'이라고 말한다. 그리고 그 잡담을 우리의 삶에 전혀 도움이 되지 않는 에너지 낭비라고 생각하는 경향이 있다. 그러나 한번 돌이켜 생각해보면 우리가 상대방의 이야기에 함께 웃을 수 있고 함께 울어줄 수 있는 이야기는 우리가 일상생활에서 소소하게 주고받는 잡담에서 비롯된 경우가 많다. 사람은 꼭 필요한 말만 하고 살 수 있는 동물이 아니다. 때로는 가벼운 농담도 소소한 일상의 이야기들도 삶을 가치 있게 만들 수 있음을 깨닫는다면 우리는 좀 더 잡담에 관대해질 수 있지 않을까 하고 생각해본다.

잡담은 소통의 과정이고 일상의 즐거움이다.

투명인간 vs 순간이동 능력
둘 중 무엇을 더 가지고 싶은가?

인간의 나약함에 대하여

초능력을 가진 영화 속 캐릭터들의 삶은 누구나 한 번쯤 상상해봤을 것이다. 수많은 초능력들이 있지만 가장 대표적인 능력이 바로 '투명인간'과 '순간이동'일 것이다. 이글을 읽는 독자 분들은 어떻게 생각하실지 모르겠지만 필자는 개인적으로 투명인간보다 순간이동 능력이 훨씬 더 갖고 싶었다. 그것도 그런 생각을 할 때가 정해져 있었는데 바로 학창시절 체육시간이 끝나고 난 뒤였다. 친구들과 격하게 축구를 하거나 농구를 하고나면 교실까지 돌아갈 힘이 없었다. 그럴 때면 그냥 휙 하고 순간이동 해서 교실로 돌아가고 싶었다. 혹은 약속에 늦을 것 같거나 차가 막힐 때도 정말이지 순간이동 하고 싶은 마음이 간절하다.

이런 일들이 절대! 절대로 일어나지 않을 걸 알면서도 동경하

말도 안 되는 상상 속에서 질문하라

는 이유는 뭘까? 아마도 절대! 절대로 일어나지 않을 일이기 때문일 것이다. 살다보면 내 마음대로 되는 일보다 내 마음대로 되지 않는 일들이 훨씬 더 많다. 사실 인간이란 참 나약한 존재다. 인간이 만물의 영장이고 이 세상의 주인인 것처럼 때론 오만하게 살 때도 있지만 금세 참 나약한 존재라는 것을 인정하지 않을 수 없다. 그렇기 때문에 우리는 서로 모여서 같이 사는 것이고 서로를 위로하고 보듬으면서 사는 것이다. 만약 우리가 남의 도움 따위는 필요 없는 강한 존재라면 이 세상은 어떻게 되었을까?

우리가 투명해질 수도 있고 순간이동 할 수도 있고 힘도 지금보다 훨씬 세서 자동차도 번쩍번쩍 들 수 있다면 과연 지금보다 나은 세상이 만들어졌을까? 아마도 서로 자기가 잘났다고, 다른 사람의 도움 따위는 필요 없다고 하며 지금보다 더욱더 혼란해지지 않았을까?

우리가 나약하게 태어난 것에는 다 이유가 있을 것이다. 앞서 말한 것처럼 나약하다는 사실이 좋은 것은 아니지만 그렇다고 꼭 나쁜 것도 아니다. 살다보면 자신이 보잘것없을 만큼 나약하다고 느껴져 자칫 잘못하면 우울해지고 무력해지기 쉽다. 그럴 때 가장 좋은 것은 바로 그냥 있는 그대로 인정하는 자세일지도 모르겠다. 갖지 못한 것, 하지 못한 것에 대한 스트레스를 받기보단 그냥 있는 그대로 받아들이고 인정하는 것도 하나의 방법일지 모르겠다. 아이러니하게도 약하다는 것을 인정할 때 비로소 강해질 수 있다.

필자는 스스로가 약하다는 생각이 들 때면 더욱이 스스로를 담금질 하게 된다. 초능력의 동의어가 바로, 노력이기 때문이다. 자신의 나약함을 인정하는 순간 더 이상 나약한 것이 아니게 된다. 노력의 시작은 자신의 나약함을 인정하는 것이다.

그래 조금만 더 쉬고 노력하자.

일어나~!!

말도 안 되는 상상 속에서 질문하라

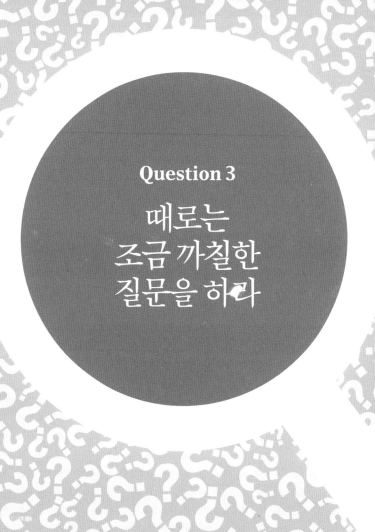

Question 3

때로는
조금 까칠한
질문을 하라

돈 좋아한다고 말하는 게
뭐가 나빠?

속물이 되기를 꺼려하지 마라

외출을 하려고 집 밖을 나섰다가 지갑을 두고 나와서 다시 급하게 집으로 발길을 돌려야 했던 경험이 한 번쯤은 있을 것이다. 흔히 '집 나가면 돈이다'라는 말을 한다. 정말이지 집 밖에 나가서 산책을 할 때조차 음료수 하나 마시려고 자판기를 찾아도 돈이 없으면 살 수가 없다. 친구를 만나러 약속 장소에 버스나 지하철을 타려고 해도 돈이 필요하다. 이처럼 자본주의 사회에서 살고 있는 우리들에게 돈은 결코 떼려야 뗄 수 없는 도구임은 분명하다.

우리 주위에서 돈이 없어서 불행한 사람은 봤어도 돈이 많아서 불행한 사람은 거의 찾기가 어렵다. 우리에게 '돈'이라는 도구는 어떤 존재일까? 돈은 나이, 성별, 종교, 국경을 가리지 않

좋은일 많이 했으니 이거라도 받을래?

고 모두에게 사랑을 받는다. 부모로부터 용돈을 받을 때 아이들의 표정을 보면 분명 아이들도 돈을 갖고 무엇을 할 수 있는지 너무나 잘 알고 있다는 것을 알 수 있다. 이처럼 우리는 남녀노소를 가리지 않고 누구나 돈이 필요하고 돈을 갖고 싶어 한다. 이러한 사실 자체를 부정할 수 없다. 하지만 그와 동시에 우리는 돈을 좋아하거나 욕심내는 것에 대해 안 좋은 시선으로 바라보는 아이러니함을 가지고 있다. '돈은 너무 더럽다'라든지 '재벌들은 모두 부정한 방법으로 재산을 모았다'고 생각하는 것만 봐도 그렇다. 너무 돈을 밝히거나 이미 충분한 재력을 가졌음에도 더 많은 돈을 갖기 위해 노력하는 사람들을 볼 때면 우리는 일단 부정적인 시각을 가지고 그 사람을 판단하려 한다. 그런 면에서 볼 때 '돈'이라는 대상은 참으로 이중적인 속성을 갖고 있는 셈이다. 부자가 되고 싶어 하면서 부자를 시기하고 질투하는 모습만큼 아이러니한 모습이 또 있을까? 사람들이 돈에 대한 자신의 감정을 솔직하게 드러내는 것을 꺼려하는 이유는 뭘까?

그에 대한 대답을 '속물'이라는 단어에서 찾아볼 수 있다. 속물이란 '세속적인 일에만 신경 쓰는 사람'을 일컫는 표현이다. '세속적이다'라는 표현의 정확한 의미를 모른다고 치더라도 누구나 속물이라는 말이 가지고 있는 부정적인 느낌은 알고 있다. 누구도 속물이 되고 싶어 하지 않지만 자신도 모르는 사이 속물이 되어가고 있는 현실 앞에서 힘이 쭉 빠질 수밖에 없다. 그런

때로는 조금 까칠한 질문을 하라

데 가끔은 그런 생각을 한다. 법이 정해놓은 테두리에서 자신의 능력껏 자원을 모으고 싶어 하는 본능적인 행동이 왜 손가락질 받아야 하고 사람들의 시기와 질투를 받아야 하는 것일까? 그리고 우리는 스스로가 속물임을 밝히는 일을 왜 창피해해야 하는 것일까?

이번 질문을 통해서 하고 싶은 말은 '물질만능주의'를 옹호하고 싶은 것이 절대 아니다. 단지 돈을 이해하고 받아들이는 건강한 자세에 대해서 생각해보자는 것이다. 돈을 좋아할 자유는 누구에게나 있다. 그리고 부자가 되고 싶은 욕망이 잘못된 것도 아니다. 돈에 대한 호의를 나타내는 일은 자본주의 사회에서 자연스러운 모습이자 욕망인 것이다. 그러니 정직하고 솔직한 속물이 되는 것은 이 시대가 만든 또 하나의 미덕일지도 모른다는 생각을 해본다.

옆집 아들, 딸은 완벽한 이유는?

편집에 속지 마라

몇 년 전부터 유행하기 시작해서 끊임없이 우리를 괴롭히는 존재, 그들의 이름은 '엄친아' 혹은 '엄친딸'이다. 이 엄친아, 엄친딸들은 대한민국 곳곳에 숨어 우리를 괴롭힌다. 그리고 이 엄친아, 엄친딸들에게도 역시 각자의 엄친아, 엄친딸들이 존재한다. 그렇다면 우리 옆집에 사는 키 크고 잘생기고 공부 잘하고 좋은 직장에 다니는 엄친아의 엄친아의 엄친아의 엄친아는 도대체 얼마나 잘났다는 것인가? 아니, 어떻게 그런 사람이 존재할 수 있다는 말인가? 옆집 아들, 딸들은 도대체 뭘 먹고 자랐기에 우리보다 잘난 것일까? 사실 이 글을 읽고 있는 당신도 누군가에게는 엄친아이고 엄친딸일 것이다. '응? 내가 엄친아, 엄친딸이라고?' 할 지 모르지만, 그렇다. 믿기 어렵겠지만 사실이다.

이것은 바로 '편집의 힘'이 있기 때문에 가능한 사실이다. 무슨 말인고 하니, 먼저 우리가 재미있어 하는 예능 프로그램을 상상해보자. 한 편을 방송하기 위해 몇 시간 동안 수많은 사람들이 고생하면서 찍는다. 그렇게 찍은 길고 긴 촬영 테이프에서 재미있는 부분만 살리고 거기에다 여러 효과나 재밌는 자막을 첨가하는 등 여러 편집을 거친 그 예능 프로그램을 우리는 보는 것이다. 영화 촬영도 마찬가지다. 아무리 실력파 배우라도 사람인지라 NG를 내기 마련이다. NG를 포함한 수많은 컷들을 감독과 스태프들이 편집에 편집을 거듭한 끝에 멋진 작품 하나가 나오는 것이다. 즉, 우리가 보는 것들은 모두 엑기스만 보는 것이다. 만약 예능프로그램이나 영화의 촬영한 모든 영상을 처음부터 끝까지 본다면 재미있거나 감동적일까? 아마 우리가 기대했던 것보다 못할 것이다.

이 세상 모든 엄친아, 엄친딸의 이야기는 잘 만들어진 한 편의 영화와 같다. 영화에 NG 영상이 나오는 것을 봤는가? 최고의 컷들만으로 만든 게 영화다. 옆집 아들, 딸들이라고 왜 고민이 없고 실패한 적이 없겠는가. 그런데 이런 부정적인 이야기들은 밖에서 잘 이야기하지 않는 감독들, 즉 그들의 엄마, 아빠의 편집이 있기 때문에 가능한 것이다. 그래서 우리는 옆집 아들, 딸들을 한 편의 좋은 스토리의 주인공으로서만, 그들의 아빠, 엄마의 노련한 각색과 편집을 거치고 나서야 전해 듣는다. 그렇기 때문에 우리가 듣는 이야기는 옆집 아들, 딸의 스펙터클 감동 휴먼 성공 스토리일 수밖에 없다. 그리고 이런 주옥같은 이야기가 하나둘씩 쌓이게 되면 옆집 아들, 딸들이 엄친아, 엄친딸로 등극하는 건 시간문제다.

그렇다면 자신의 인생이라는 영화는 어떨까? 우리는 자신의 인생에서 편집 없이 수많은 NG 장면이 섞인 영화를 보게 된다. 그렇기 때문에 당연히 잘 편집된 다른 이들의 이야기와는 비교되지 않게 멋없어 보이는 것이다. 이 말은 우리 이야기 또한 편집하기에 따라 누군가에겐 엄친아이고 엄친딸의 이야기처럼 들릴 것이라는 뜻이다. 그렇기 때문에 절대로 스스로의 삶에 대해 불필요한 열등감이나 자격지심을 가질 필요가 없다. 더 이상 '편집된 타인의 삶'에 속지 않길 바란다.

어른이 되고 나서 '착하다'는 말이
부정적으로 들리는 내가 이상한 건가?

씁쓸한 어른들의 말

우리가 어릴 적 말을 배울 때는 단어 하나가 하나의 의미를 가짐을 배우게 된다. 가끔 등장하는 동음이의어를 제외하고는 하나의 단어가 약속한 하나의 의미를 벗어나지 않는다. 하지만 어른이 되면서는 절대 불변할 것 같았던 말들의 의미가 변하는 것을 느낄 수 있다. 그중에서 개인적으로 안타깝다고 생각하는 단어가 바로 '착하다'는 단어다.

'착하다'의 본래 의미는 이러하다. '언행과 마음씨가 곱고 바르며 상냥하다'이다. 우리가 알고 있는 의미와 다르지 않다. 그리고 그 의미 또한 더할 나위 없이 긍정적이고 좋다. 하지만 우리는 평소에 착하다는 말을 어떻게 쓰고 있을까? 예를 들어보면 우리가 친구에게 이성을 소개 받는다고 가정했을 때 상대에 대해서 물어보고 들은 대답으로 "걔? 그냥 착해."라는 말을 그 저 '매력 없는 외모'라는 우스갯소리로 해석하는 경향이 있다. 그리고 회사에 신입사원이 들어왔는데 누군가 "이번에 들어온 신입사원 어때? 일은 잘해?"라고 했을 때 다른 말 없이 "그냥 착 하더라."라는 대답이 돌아온다면 이 말은 '특별히 일을 잘한다 거나 뛰어난 부분 없음'을 나타내는 경우가 많다. 언제부턴가 착하다는 말이 별 매력 없음을 나타내는 말이 되어버렸다. 사실 착하다는 말만큼이나 포괄적으로 긍정의 의미로 사용할 수 있 는 말이 없다. 딱히 상대에 대해 어떤 좋은 말을 해야 할지 모를 때 혹은 할 말이 없을 때 가장 둘러대기 좋은 말이 바로 '착하다' 는 말이다. 그런데 요즘에는 세상이 워낙 각박해서인지 이 착하 다는 말이 '바보스러운' 혹은 '세상물정을 잘 모르는' 정도의 의 미로도 쓰이는 것 같다. 아님 '착해 빠져서 안 돼'라는 식의 부정 적인 뉘앙스로도 쓰이기도 한다. 심지어 '착한 사람 콤플렉스' 라는 말도 있지 않은가? 아니 어쩌다가 착한 게 콤플렉스가 되 는 지경에 이르렀단 말인가? 착한 사람이 제대로 대접 받지 못 하는 세상이 안타깝다.

물론 필자가 지나치게 색안경을 끼고 '착하다'는 말을 좋지 않 은 의미로 생각하는지도 모르겠다. 하지만 말하고 싶은 것은 어 른이 되고 나서 말이 각박해지고 있다는 느낄 때가 많다. 말 속에 숨은 뜻이 있을 수도 있고 돌려 말할 수도 있고 위의 예처럼 좋은 의미의 말을 다르게 표현할 수도 있다.

살다 보면 별의별 소리를 다 듣고 살고 자신 역시 '내가 이렇게 부정적인 사람이었나?' 하고 말을 하면서 느낄 때가 있을 것이다. 말은 자신의 거울이라고 했다. 요즘 같이 말 한 마디로 한 냥 갚기도 어려운 세상에서 말 한 마디 하는 것을 뭐 그렇게 대수롭게 생각하느냐고 말할 수도 있다. 하지만 반대로 생각하면 말 한 마디 좋게 하는 것이 별 어려운 일이 아니라는 뜻도 된다.

사람은 생각한 대로 말하고 말한 대로 생각한다고 한다. 결국에는 말한 대로 살게 되는 것이다. 말 하나로 인생이 더 따뜻해지고 풍요로워질 수 있다면 분명 밑지는 장사는 아닐 것이다.

착하다는 말이 더 이상 칭찬이 아니게 느껴지는 요즘 세상, 그러나 나는 여전히 착한 사람으로 남고 싶다.

롤모델은 필요한가?

참고는 YES, 표절은 NO

이번 질문에 대해서 결론부터 이야기하면 'NO'라고 생각한다. '멘토'라는 말이 유행하며 흔하게 쓰이기 시작했다. 우리말로 풀이하면 '어떤 목표를 이루는 데 도와주는 사람'이다. 이 멘토와 유사한 의미로 쓰이는 단어 중에 '롤모델'이라는 말이 있다. '롤모델'이라는 개념은 멘토에서 조금 더 나아간 말로 '내가 되고 싶은 사람'이라는 개념이다. 어쩌면 멘토보다는 조금 더 적극적인 의미가 바로 '롤모델'이다. 멘토라든지 롤모델이라는 말을 우리는 방송이나 일상생활에서 대개 긍정적인 개념으로 사용한다. 그런데 정말 롤모델이라는 것이 긍정적이고 무조건적으로 좋아야 하는 대상인 것일까에 대해서 한 번쯤은 생각해 보아야 한다고 생각한다. 누군가의 삶을 따른다는 것은 긍정적인 부분뿐만 아니라 보이지 않거나 계산되지 않은 부정적인 부분까지 감수한다는 의미이기 때문이다. 필자가 롤모델을 따르는 것이 위험한 생각일 수도 있다고 생각하는 것은 이 때문이다. 이 세상에 완벽한 사람은 없다고 생각한다. 물론 당신이 생각하는 롤모델 역시 예외일 수는 없다.

사업가가 꿈인 한 대학생이 있다고 가정해보자. 그리고 이 대학생에게 세계적인 기업가 중 한 사람이 롤모델이라고 가정해보자. 이 대학생은 자신의 롤모델인 그 기업가를 닮고자 미디어를 통해 얻은 정보, 인터넷 기사 그리고 그 사람에 관련된 책까지 빠짐없이 모두 찾아보았다. 그래서 그 롤모델과 똑같은 길을 걷고자 사소한 습관부터 도전 방법까지 모두 따라 한다면 과연 이 대학생은 자신이 원하는 성과를 얻을 수 있을까? 롤모델과 자신을 냉정하고 객관적으로 바라볼 수 있는 시각이 필요하진 않을까?

롤모델과 자신은 하나부터 열까지 모두 다른 사람이다. 롤모델과 자신이 살아온 시대가 다르고 국가가 다르고 도시가 다르고 주변 환경이 다르고 주변 대인관계도 다르며 각자 가지고 있는 재능이나 능력에도 상당히 차이가 난다. 이처럼 자신이 생각하던 롤모델처럼 살기가 쉽지 않을 뿐만 아니라 자칫 잘못하면 패배의식이나 우울증에 빠지기도 쉽다.

바람직한 롤모델을 찾는 것, 그것은
마트에서 우유를 살 때 유통기한을 확인하는 것보다는
훨씬 깐깐해야 하지 않을까?

화살을 쏘아 과녁에 맞히는 양궁을 머릿속에 그려보자. 세계 랭킹 1위의 양궁 선수의 모습을 그대로 따라한다고 해서 과연 똑같은 점수를 얻을 수 있을까? 세계 랭킹 1위의 양궁 선수와 자신의 신체 조건이 다르고, 활과 화살의 종류도 다르고, 시합 당일 컨디션이나 경기장 환경, 주변에 고려할 만한 변수도 다르다. 이처럼 모든 게 다르기 때문에 무조건 세계 랭킹 1위를 따라한다고 해서 똑같이 세계 랭킹 1위에 오를 수 있는 것은 아니다. 그렇기 때문에 무조건적으로 롤모델을 따르는 것도 롤모델을 가지라고 강요하는 것도 위험한 행동이라 생각한다. 롤모델도 역시 자신과 같은 사람이라는 점을 기억하고 있어야 한다. 그리고 만약 자신이 누군가의 롤모델이고 멘토가 될 가능성이 있는 사람들은 굉장한 책임감을 가지고 있어야 한다고 생각한다.

바람직한 롤모델을 찾는 것, 그것은 마트에서 우유를 살 때 유통기한을 확인하는 것보다는 훨씬 깐깐해야 하지 않을까?

내 돈 내고 산 음식도
나눠 먹어야 하는 이유?

개인주의와 이기주의의 차이

필자는 가끔 스스로가 '이기적인 사람'인지를 진지하게 생각해볼 때가 있다. 개인주의라는 말과 이기주의라는 말은 얼핏 보면 비슷해 보이지만 엄연히 다른 의미를 가지고 있다. 그렇기 때문에 이기적인지 아닌지를 알아보기 전에 '이기적'이라는 단어와 '개인적'이라는 말의 속성에 대해 생각해볼 필요가 있다. 한 상황을 예로 들어보자.

친구 두 명이 함께 자취를 하고 있다. 지금 두 명 모두 배가 고픈 상황이다. 근데 이 상황에서 A라는 친구는 배고픔을 잊기 위해 잠들었다. 하지만 배가 고픈 B 친구는 잠이 오지 않아서 부엌 서랍을 열었는데 지난주에 자신이 사놓은 라면 하나가 구석에 있는 것을 발견했다. 그래서 B는 A를 깨우지 않고 혼자서 라면을 끓여먹었다. 이 상황에서 B의 행동은 이기적인 것인가?

아마 자취를 해본 적 있는 사람이라면 충분히 겪었을 수 있는 상황이다. 물론 A라는 친구의 관점에서 보면 충분히 서운해할 수 있는 상황이다. 두 친구 모두 배고픈 상태이고 서로가 서로의 배고픔을 인지하고 있는 상황이다. 그 상황에서 B는 A를 내버려두고 혼자 라면을 먹고 자신의 배를 채웠다. 하지만 B의 입장에서 보면 조금 억울할 수 있다. 첫째는 이 라면이 자기 돈으로 사놓은 라면이라는 점, 둘째는 고의적으로 혼자 먹은 게 아니라 A는 잠을 자고 있었다는 점이다. 쉽게 말해 뒤늦게 자신이 사놓은 라면을 발견했고 그 당시 친구는 잠을 자고 있는 상황이었다. 사실 논리적으로 설명하면 B는 아무런 잘못이 없다. 최대한 양보해서 B를 비난한다면 단지 개인주의적인 성향이 강한 사람일 뿐이지 이기적인 것은 아니다. 그런데도 B가 의리 없고 '이기적'이라고 생각되는 이유, 뭔가 모르게 얄미워 보이는 이유는 무엇일까? 여기서 '이기적'이라는 것은 '이기적인 생각'이 아니라 '이기적인 마음'이기 때문이다. 무슨 말이냐면 이기적이라는 관념 자체가 이성적으로 판단할 수 있는 개념적 문제가 아니라 마음으로 느끼는 감정의 문제라는 것이다. 즉, 정확히 표현하면 친구 B가 이기적인 행동을 한 것이라기보다 우리가 친구 B를 이기적이라고 느끼는 것이다.

이기적인 것은 비난의 대상이 될 수 있지만 개인주의적인 것은 비난의 대상이 아니다. 그럼에도 불구하고 우리는 이기적인 것과 개인주의적인 것을 혼동하곤 한다. 왜냐하면 그 기준이 자기 자신이기 때문이다. 나에게 피해가 오면 상대방은 이기적인 것이고 나에게 피해가 오지 않으면 그 사람은 그냥 개인주의적인 사람인 것이라고 착각하는 경우가 많다. 현상 그 자체를 받아들이기보다 그것을 느끼는 자신의 감정에 따라서 판단하는 경우가 많다는 것이다. 상대방이 이기적이라고 비난하기 전에 그 이기심을 대하는 자신의 태도가 이기적인 것은 아닌지 잘 살펴야 한다. 인간이라는 동물로서 살아가는 이상 우리는 항상 자신의 이기심을 경계하며 살아야 할 것이다.

때로는 조금 까칠한 질문을 하라

몸에 나쁜 음식이 맛있는 이유는 뭘까?

세상의 유혹을 이기는 방법

세상에는 맛있는 음식들이 너무 많다. 그런데 그 맛있는 음식들이 몸에도 좋으면 좋으련만 일상 속에서 먹는 맛있는 음식들은 몸에 해롭고 건강에 그다지 도움이 되지 않을 때가 많다. 몸에 좋은 음식들은 쓰거나 싱거워서 맛이랑은 거리가 먼 경우도 있다.

'인간의 본능은 나쁜 것을 좋아한다'는 말에 어느 정도 동의할 때가 있다. 도대체 왜 그런 걸까? 진화를 잘못한 게 아닐까? 올바로 진화를 했다면 건강에 나쁜 음식은 입맛에 맞지 않고 건강에 좋은 음식은 입맛에 딱딱 맞게, 알아서 진화되었어야 하는 게 아닐까?

사람은 규칙적으로 시간표대로 사는 것보다 자고 싶을 때 자고, 먹고 싶을 때 먹고, 하고 싶은 대로 하며 살고 싶어 한다. 매일 꾸준히 운동을 하기보다 집에 편하게 누워있고 싶은 게 사람심리이다. 그런데 이렇게 하고 싶은 대로, 본능이 시키는 대로 살면 인간은 건강하게 오래 사는 목표에서 점점 더 멀어질 수밖에 없다.

왜 사람의 몸은 항상 건강한 삶과 반대로 이끄는 것인가? 왜 항상 다이어트는 실패하고, 공부하기로 해놓고 책상에 오래 앉아 있기 힘든 것인가? 우리 주위에는 어떤 일을 하든 온갖 유혹들이 도사리고 있다. 그 유혹들을 이겨내야 하는 것 역시 우리들의 숙제인 것이다. 그렇다면 이 어려운 숙제를 어떻게 풀어야 할까? 다이어트를 하기 위해 냉장고 안을 텅텅 비우고, 공부를 하기 위해 몸을 의자에 묶어놓아야 하는 걸까? 우리가 유혹이라고 하는 것은 결국엔 자신이 목표로 하는 것의 반대되는 개념이다. 돈을 모으는 것과 자신이 좋아하는 물건을 사는 것은 서로 반대에 서 있다. 무언가 사고 싶다는 강한 욕망을 돈을 모아야 한다는 목표를 위해 절제하고 참아야 하는 것이다. 자신의 의지를 절제하는 게 얼마나 어려운 일이면 '최대의 적은 자기 자신이다'라는 말까지 있을까. 이 짧은 글 속에서 각종 유혹을 참는 법을 설명하기 어렵다고 너스레를 떨며 필자 또한 유혹에 넘어 갈 핑계를 대고 싶다. 왜냐하면 아무리 생각해봐도 맛있는 음식이 몸에 나쁜 이유를 찾지 못했기 때문이다.

어쩌면 인생은 우리들에게 매 순간 도전의 연속인 듯하다. 교훈을 얻느냐 그렇지 못하느냐는 우리가 유혹을 대하는 태도에 달려 있다고 생각한다. 그 유혹의 열매를 이기지 못하고 먹어버리면 우리는 평생 그 교훈을 얻지 못할 것이다. 선택은 자기 자신에게 달려있다.

기대하는 사람 vs 실망시키는 사람, 누가 더 나쁜 사람일까?

기대보다는 믿음

인간관계에서 서로를 불행하게 만드는 경우는 여러 가지가 있다. 관계를 맺고 이어나간다는 게 얼마나 힘든지는 설명하지 않더라도 모두가 잘 알고 있을 것이다. 하지만 반대로 그 관계를 무너뜨리는 데는 하루의 시간도 걸리지 않는다. 참 불공평한 이치라고 생각이 들지만 어쩌겠는가, 세상일이 그런 것을.

사람은 친구 사이든 연인 사이든 서로 만나고 정을 나누다 보면 알게 모르게 서로가 서로에게 기대게 된다. 그렇게 기대게 되다 보면 서로에게 기대 아닌 기대를 하기 시작한다. 그러다 보면 내가 '1'만큼을 해주면 '2'만큼은 받고 싶어 하고, 나는 그럴 수 있지만 상대는 그러면 안 된다는 황당한 논리가 형성되기 시작한다. '정'이라는 이름을 빌려 어느 순간 상대방에게 이기

때로는 조금 까칠한 질문을 하라

적으로 행동하고 있는 자신을 발견하게 되는 것이다. 사람 마음이라는 것이 요리할 때 양을 재는 것처럼 서로가 똑같을 수가 없다.

연인 사이를 비유해보자. 처음 만났을 때는 순수한 마음으로 상대를 대하고 아무 대가 없이 내가 좋아서 상대방에게 나의 시간과 노력을 투자한다. 심지어 돈도 아깝지가 않다. 하지만 그렇게 만나는 시간이 점점 더 길어짐에 따라 서로 다투는 일도 생긴다. 다투는 일이 생긴다는 것은 서로가 서로에게 불만이 있다는 뜻이다. 불만이 있다는 것은 서로의 마음이 맞지 않다는 뜻이기도 하다. 그런데 재미있는 사실은 우리는 원래부터 서로가 다른 사람임을 알고 있었음에도 불구하고 서로가 맞지 않음을 발견했을 때 놀라거나 서운해 한다. 이는 어리석은 생각이 아닐 수 없다. 사람은 모두 다르다. 우리는 서로가 같기 때문에 만나는 것이 아니라 서로가 다르기 때문에 만나는 것이다. 때로는 애정이라는 이름으로 서로에게 기대를 하게 된다. 상대방에게 허락도 맡지 않은 채 자기가 편한 대로 '자신의 기대'라는 욕망을 상대방에게 맡겨버린다. 그러고는 자신이 생각하는 것만큼의 대가를 돌려주지 않았을 때 우리는 보통 '실망스럽다'는 표현으로 상대방에게 상처를 준다.

그런데 상대방의 입장에서 생각해보면, 사실 우리가 상대방에게 주었어야 할 것은 '기대'가 아니라 '믿음'이다. 그렇기 때문에 사실은 상대가 자신을 실망시켰다기보다 자신의 기대에 자신이 실망했다는 것이 더 정확한 표현일 것이다. 물론 사람 마음이라는 게 딱 잘라서 설명하기 어렵지만 이번 질문을 통해서 하고 싶은 말은, 사람을 대할 때는 자기 입장에서가 아니라 상대방의 입장에서 감정을 주어야 한다는 것이다. 그렇다면 방금 말한 이야기를 이해하기 좀 더 쉬워질 것이다.

때로는 조금 까칠한 질문을 하라

디지털이 아날로그를
절대 이길 수 없는 이유?

인간은 어디까지나 생명체이다
∙∙∙∙∙∙∙∙∙∙∙∙∙∙∙∙∙∙∙∙∙∙∙∙∙∙∙∙∙∙∙∙∙∙∙∙∙∙

　필자는 전자기기를 잘 다루지 못하는 편이다. 그래서 주변에 작동이 어려운 전자기기를 척척 다루는 사람들을 보면 대단함을 넘어 신기하기까지 하다. 그럴 때마다 정작 그 전자기기를 다루는 사람은 별것 아니라는 표정을 짓는다.

　이제 현대사회의 삶에서 기계나 전자기기를 빼놓고는 살아갈 수 없다. 음식을 하기 위해서 냉장고와 가스레인지는 필수이고, 건물 안에서는 엘리베이터와 에스컬레이터의 사용에 익숙해진 지 오래다. 그리고 출퇴근은 자동차나 버스, 지하철을 이용하고 사무실에 도착해 자리에 앉자마자 컴퓨터를 켠다. 우리는 이제 이런 세상에 살고 있는 것이다. 지난 몇 세대 만에 생활에 놀라운 변화가 생긴 것이다. 그래서인지 가끔은 기계나 전자기기를 잘 못 다루는 필자 자신이 걱정될 때가 종종 있다. 이렇게 살다가는 정말 사회에서 도태될 것만 같은 기분마저 들곤 한다. 필자는 아직도 글을 쓸 때는 컴퓨터보다 종이와 볼펜이 편하다. 여기서 편하다는 의미는 마음이 편하다는 의미다. 물론 나중엔 컴퓨터로 옮겨 타이핑해야 하는 번거로움이 따르지만 그 정도 수고는 감수할 만하다. 하얀 종이 위에 까만 볼펜이 쓱싹쓱싹 하며 움직이고, 무언가를 써내려가는 그 느낌이 참 좋다.

불과 20~30년 전까지만 해도 종이와 볼펜 아니면 타자기가 글을 쓰는 데에 있어 일반적인 방법이었다. 그러나 이젠 대부분의 사람들이 컴퓨터를 사용하는 세상이 되어 그것은 오히려 보기 드문 모습이 되어버렸다. 가끔 이렇게 아직도 아날로그적인 방법을 고수하는 필자를 보고 촌스럽다고 이야기하는 사람도 있을 수 있다. 하지만 모든 현대인들이 디지털 문화에 익숙해져야 할 필요가 있을까?

사람들은 오직 편리함이라는 명분만을 가지고, 인간은 어디까지나 생명체라는 점을 망각할 때가 있는 듯하다. 편리함이라는 것이 무조건 좋은 것이고 우리가 추구해 나가야 하는 방향인 걸까? 불편한 것은 다 없애버리고 조금이라도 사람들을 편하게 하는 기계문명이 그 자리를 대신하도록 하는 것이 당연한 것일까? 예전 사람들은 인간의 삶에서 불편한 것들이 생기면 그것을 개선하기 위해 자연에서 해답을 찾으려고 노력해왔다. 걸어서 먼 거리를 가는 것이 불편하면 말을 탔고 밭을 갈 때 사람의 힘이 부족하면 소의 힘을 빌렸다. 자연의 힘을 빌렸기 때문에 부작용 또한 적었다. 하지만 요즘에는 무언가 불편한 것들이 생기면 자연적이고 인위적이지 않은 범위에서 해답을 찾기보다 비자연적인 기계문명에서 답을 찾으려는 경향이 많다. 이렇게 기계문명에서 찾은 답들은 인간들의 생활에 편리함을 줄지는 모르겠지만 생명체로서의 인간의 삶의 질은 점점 떨어뜨리고 있다. 요즘엔 건물에서 층수가 조금만 높아도 엘리베이터를 찾는다. 계단을 오르내리면서 사람의 근력을 자연스레 기를 수 있는 기회가 박탈되고 가까운 거리도 자동차를 타고 다녀 봄이면 집 근처에 피어있는 꽃들을 자세히 들여다볼 기회를 빼앗긴다. 지하철에서는 저마다 스마트폰을 들여다보고 있어 주변 사람들의 삶에 관심을 가질만한 시간적 여유를 주지 못한다.

디지털화 되어가고 있는 현대문명의 발전에 대해서 우리는 생명체로서의 인간의 삶을 한 번쯤은 돌이켜볼 필요가 있다. 물론 문명의 발전에 대해서 부정적으로 바라봐야 한다는 이야기가 아니라 보다 편리한 문명의 혜택이 과연 인간의 삶의 궁극적 가치인 행복을 추구하는 데 있어서 얼마나 도움이 되는지 생각해볼 필요가 있다는 이야기이다. 사람은 기계가 아니다. 어디까지나 자연의 일부분이며 생명체로서의 자신의 존재를 생각해볼 필요가 있다.

때로는 컴퓨터와 스마트폰이 아니라 종이에 볼펜으로 꾹꾹 눌러 적어 사랑하는 사람들에게 편지를 써보기도 하고 자동차를 타고 목적지에 빨리 가는 것보다 천천히 걸어서 길거리에 새로 핀 꽃들에게도 관심을 가져보는 삶이 똑똑하진 않아도 여유롭지 않을까 생각해본다.

사기꾼에게 사기 치는 방법은?

정직과 자기믿음의 중요성

우리말에서는 어떤 일을 전문적으로 잘하는 사람에게 '꾼'이라는 접미사를 붙여 말한다. 예를 들어 물건을 파는 일에 능한 사람은 장사꾼이라고 하고 이야기를 재미있게 잘하는 사람에게 이야기꾼이라고 한다. 그리고 남을 속이는 재주인 '사기'를 아주 전문적이고 능숙한 사람을 우리는 사기꾼이라고 부른다. 세상이 점점 각박해지면서 누군가를 속이고 자신이 아닌 남을 잘 믿지 못하는 경향이 짙어지는 것 같아서 마음 한편이 씁쓸하다. 사실 누군가를 믿는다는 것은 대단한 용기가 필요한 일이다. 그러나 이런 용기를 내기란 쉽지 않다.

세상에서 누구에게 속고 싶은 사람은 아무도 없을 것이다. 그렇다면 재미있는 질문을 해보도록 하겠다. 누군가를 속이는 데

능숙한 사기꾼은 절대로 누군가에게 속지 않을까? 그렇다면, 나아가 만약 사기꾼을 속여야 한다면, 다시 말해 사기꾼에게 사기를 쳐야 한다면 어떻게 해야 할까? 남을 속이는 것을 직업으로 하는 사람들을 속일 수 있는 방법은 무엇이 있을까? 바로 '정직하고 솔직하게' 사기꾼을 대하는 것이다. 너무 도덕적인 대답이라고 생각되어 믿기 어려운가? 하지만 사람을 속여야 하는 사기꾼의 마음을 잘 한번 생각해보면 금방 깨닫게 될 것이다. 때로 기본이 갖고 있는 힘은 우리가 생각하는 것보다 대단하다.

대개 남을 속이려는 사람들은 의심이 많은 법이다. 왜냐하면 자신이 누군가를 속여야 하는 사람이기 때문에 누군가 또한 자신을 속이려 할 수도 있다는 생각이 강하게 들기 때문이다.

'도둑이 제 발 저린다'는 말이 있지 않는가. 누군가를 속이고 진실이 아닌 거짓을 말해야 하는 사람에게 다른 이의 진심을 있는 그대로 받아들이는 용기를 내기란 쉽지 않다. 신뢰라는 것은 보이지 않는 긴 끈을 양쪽에서 잡고 있는 것과 똑같은 것이다. 끈을 잡고 있는 양쪽에서 한쪽이라도 끈을 놓는다면 다른 한쪽 역시 끈을 더 이상 잡고 있을 수 없다. 반드시 양쪽에서 동시에 끈을 잡고 있어야 신뢰라는 보이지 않는 끈이 팽팽하게 유지가 되는 것이다. 누군가를 믿고 신뢰하는 일은 머리의 영역이 아니라 마음의 영역이다. 그렇기 때문에 사람이 사람을 믿는다는 게 어려운 것이다. 누군가를 속이는 사람들은 머리는 남들보다 비상할지는 몰라도 마음을 쓰는 법에는 서툴다.

그렇기 때문에 사기꾼에게 사기를 치는 방법이 오히려 정직하게 그들을 대하면 된다는 묘한 결론이 나오게 된다. 사람은 자신이 남을 대하는 것처럼 남도 자신을 대할 것이라고 생각한다. 남을 믿지 못하고 속이면서 사는 삶은 불행한 인생이다. 왜냐하면 그들은 남을 믿고 신뢰하는 법을 배우지 못하기 때문이다. 주위 사람들을 진심으로 믿을 수 있는 용기를 가질 때 그때서야 진심을 느낄 수 있게 된다. 누군가에게 믿을 만한 사람이 되고 싶다면 자신부터 다른 사람에게 정직하고 신뢰를 할 수 있는 마음의 여유를 가져야 할 것이다.

진짜 쿨cool한 게 뭐지?

'지금 우리에게 정의, 쿨함, 선악, 양심, 죽음이란 무엇인가'라는 부제로 나의 시선을 확 끌어당긴 책이 하나 있다. 바로 《이럴 때 소크라테스라면》이라는 책이다. 이 책은 마치 2,500년 전에 살았던 소크라테스와 현재를 살고 있는 사람들과 대화를 하는 것처럼 쓰인 책으로, 우리는 그저 교과서에서만 볼 수 있었던 소크라테스의 모습보다 더욱 쿨하고 멋진 소크라테스의 모습을 볼 수 있다.

미국의 철학박사인 이 책의 저자는, "악법도 법이다."라고 말하며 소크라테스가 독배를 마시는 장면에서 그를 법치의 상대성 이점을 거론하면서 징병영장에 응하는 청년의 모습으로 그리기도 하고, 세속적인 성공을 위한 교육을 하라는 정부의 요구에 맞서 양심을 지키며 기꺼이 파면당하는 교육자로 나타내기도 한다. 가장 압권은 스스로의 정의를 논리정연하게 입증한 후, 일자리도 거부한 채 죽음을 맞기 위해 전쟁터로 향하는 것이다. 그것도 아주 세상에서 가장 행복하다는 웃음과 함께 말이다. 황당하기보다 오히려 그의 '쿨함'에 부러움까지 갖게 되는 소크라테스의 행동에서 과연 무엇이 우리에게 가치 있는 삶인지를 생각해보게 한다.

앞에 나온 쿨하다는 말은 우리말로 하면 '멋있다' 정도의 의미로 해석하면 될 것이다. 예를 들어, 친구들끼리 밥을 먹으러 식당에 갔는데 친구 중 한 명이 오늘이 자신의 월급날이어서 한턱 쏘겠다고 한다. 그럴 때 주위 친구들은 한턱 쏘는 친구에게 쿨하다고 엄지손가락을 치켜세운다. 이 정도의 쿨함은 얼마든지 환영이다. 그런데 가끔 우리는 이 쿨함 때문에 종종 자신의 속내를 숨겨야 할 때가 있다. 누구나 한 번쯤은, 괜찮지 않은데 괜찮은 척을 해본 경험이 있을 것이다. 만약 그런 적이 한 번도 없다면 당신은 정말로 쿨한 사람이다. 이 '쿨하다'라는 말을 쓰기 시작하면서부터 오히려 주위 사람들의 시선을 신경 쓰는 경우가 더 많아지는 것 같은 생각이 든다. 사람들과 함께 있을 때 약간의 불만이나 불평이라도 하는 날엔 자신은 쿨하지 못한 사람으로 낙인이 찍힐까봐 자신의 감정을 숨기는 경우가 생긴다. 그럴 때면 정말 쿨한 게 어떤 건지 자신도 헷갈린다. 다른 이들을 위해서 불편하고 아니라고 생각되지만 넘어가는 게 쿨한 것인지 아니면 솔직하게 자신의 생각을 이야기하는 게 쿨한 것인지 분간하기가 어렵다. 인간은 사회적 동물이기 때문에 타인이 자신에 대해서 생각하는 이미지에 대해 신경을 쓰지 않을 수 없는 게 사실이다. 누구나 쿨해 보이기 위해, 다른 사람들에게 좀 더 멋진 이미지를 보여주고자 자신이 아닌 또 다른 거짓된 자아를 만들어낼 때가 있다. 그리고 그것을 쿨하고 멋있다고 착각하며 진짜 자신의 모습과 혼동할 수도 있다. 혹시 최근에 자신 스스로가 멋있다고 생각해본 적이 있는가? 다른 사람이 생각하는 자신의 이미지만 신경 쓰기보다 자기 자신이 생각하는 자신의 본모습이 멋있다고 생각해본 적이 있는 사람은 진정한 의미의 멋이 무엇인지 아는 사람이라고 생각한다. 가끔 사람들은 다른 사람들의 눈치를 보는 것을 예의라고 착각할 때가 있다. 그리고 자신의 생각을 과감히 드러내는 것을 잘난 척 하는 것이라고 오해할 때가 있다. 다른 사람에게 인정받기보다 자기 스스로에게 인정받을 수 있는 사람의 삶이 정말 쿨한 삶이라고 생각한다.

멋지게 보이기 위해 눈치 보는 허세는 정말 쿨하지 못하다. 나 자신을 위한 쿨함을 기르도록 노력하자.

"우리 집 개는 안 물어요"가
폭력적으로 들리는 이유?

진짜 배려에 대하여
....

어느 신문 기사에서 반려동물을 키우는 인구의 수가 1,000만을 넘었다는 내용을 접한 적이 있다. 요즘에 공원이나 길을 다니다 보면 반려동물을 산책시키는 사람들을 자주 볼 수 있다. 대개 산책을 하는 동물들은 목줄을 하고 주인의 통제 하에 산책을 하곤 한다. 주변에 개를 무서워하는 사람들이나 알레르기가 있는 사람들을 배려하기 위해서이다. 그런데 간혹 자신의 반려견을 아끼는 마음에서인지 모르겠으나 타인을 배려하지 않는 사람들을 종종 볼 수 있다. 개인적으로 가장 속상한 경우는 바로 이런 경우이다.

가끔 개를 좋아하지 않는 사람들이 산책 나온 개가 무서워서 피하거나 경계하는 듯하는 모습을 보일 때가 있다. 그럴 때면

배려는 다른 사람이 좋아하는 것을 해주는 것보다
싫어하는 것을 하지 않는 것이다.
자신이 좋아하는 것을 상대방에게 강요하는 사회는
그다지 바람직한 사회의 모습이라고 보기 어렵다.

"우리 집 개는 착해서 안 물어요!"

견주가 다른 사람들을 배려해서 개를 옆에 두고 통제하거나 다른 사람들에게 피해를 줄 만한 행동을 하게 해서는 안되는 게 상식이다. 그런데 가끔 자신의 개만 좋으면 된다는 생각인지 이렇게 말할 때가 있다.

"우리 집 개는 착해서 안 물어요!"

개를 무서워하는 사람이 들으면 정말 무책임하기 짝이 없는 소리이다. 개를 무서워하는 사람에게 개가 물지 않으니 당신이 겁먹을 필요가 없다고 말하는 것은 상대를 배려하는 것이 아니라 상대의 고통의 책임을 상대의 유별난 성격에 전가하는 것밖에 되지 않는다. 쉽게 말해 당신의 불편함은 당신이 알아서 해결하라는 것과 마찬가지인 것이다. 이러한 사람은 대개 타인의 감정을 공감하는 능력이 약하거나 자신의 주장을 강하게 밀어붙이는 경향이 강한 사람일 수 있다.

자신의 개가 자유롭게 산책을 즐길 수 있는 권리가 있는 것처럼 개를 좋아하지 않는 사람들도 자신을 보호받을 권리가 있는 사람들인 것이다. 개를 좋아하지 않는 사람들이 당장 위험하지 않은데 여기서 문제될 것이 무엇이냐는 물음이 있을 수 있다. 이들이 존중받지 못하고 있는 것은, 다름 아닌 그들의 '두려움'이다. 개와 사정거리 안에 있음으로써 느끼는 두려움. 그 두려움을 우리는 느끼지 못한다고 해서, 그리고 실제로 물리적 폭력을 당할 일이 없다고 해서 무시해도 되는 것은 아니다.

필자가 생각하는 진정한 배려는 다른 사람이 좋아하는 것을 해주는 것보다 싫어하는 것을 하지 않는 것이라고 생각한다. 자신이 좋아하는 것을 상대방에게 강요하는 사회는 그다지 바람직한 사회의 모습이라고 보기 어렵다. 나에게 좋은 것이 다른 사람에게도 좋을 것이라는 생각은 상당히 위험한 생각이기 때문이다. 상대방을 위한 진정한 배려를 고민하고, 베풀 줄 알아야 할 것이다.

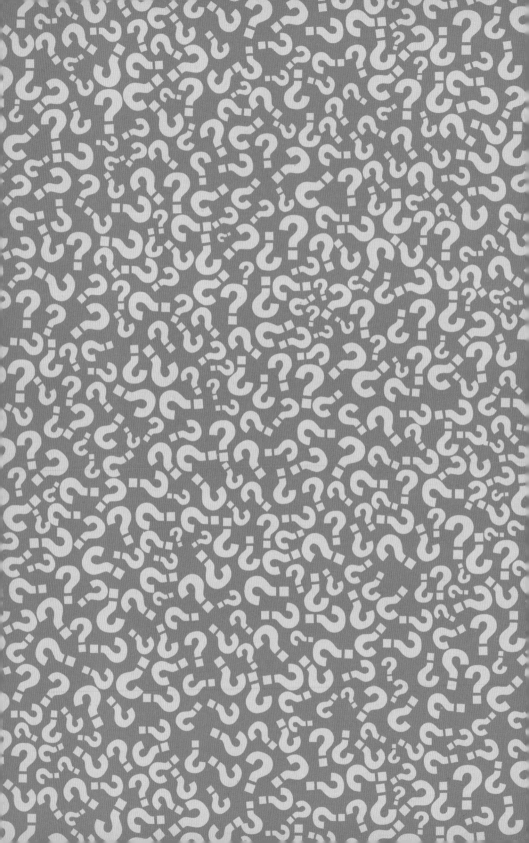

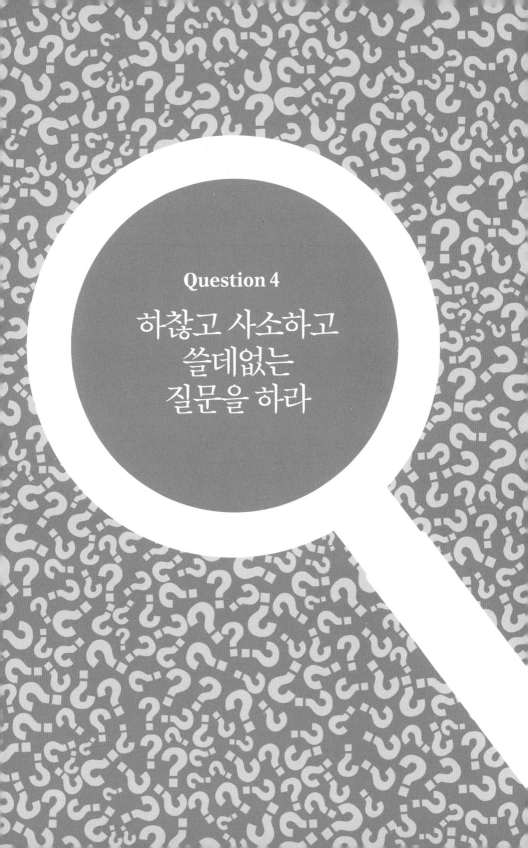

Question 4

하찮고 사소하고
쓸데없는
질문을 하라

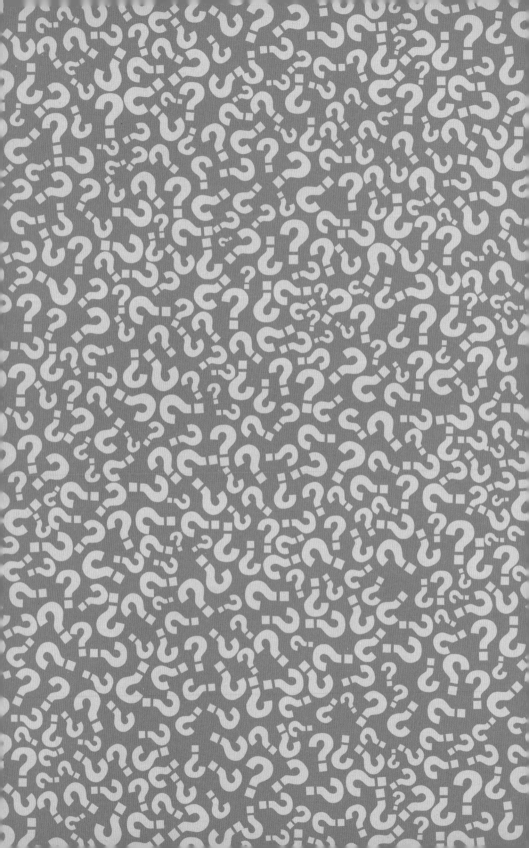

내 옷장의 옷들은 왜
이렇게 칙칙한 걸까?

색깔을 잃어가는 어른의 삶

우선 질문 하나로 이야기를 시작해볼까 한다. '어른'이라는 단어를 들었을 때 떠오르는 색깔은 무엇인가? 쉽게 알 수 있는 방법이 있다. 얼른 자기 방 옷장에 가서 옷장을 열어보라. 온통 흰색 아니면 검은색, 회색 하나같이 단조롭고 어두운색들 뿐이다. 나만 그런가 싶어서 길거리에 나가 보면 사람들 역시 비슷하다. 그러나 집 주변 초등학교 근처에만 가보면 이는 정상적이지 않음을 금방 눈치챌 수 있다. 초등학생들의 등·하굣길은 64색 고급 크레파스를 방불케 한다. 아이들의 옷 색깔은 빨간색, 주황색, 노란색부터 초록색, 파란색, 보라색까지 다양하다. 그런데 키가 조금 더 자라고 얼굴에 여드름이 하나둘씩 생기면서 옷에도 사춘기의 먹구름이 드리워진다. 그렇게 중학생, 고등학생이

하찮고 사소하고 쓸데없는 질문을 하라

되면서 알록달록했던 옷 색깔들이 점차 단조로워지기 시작한다. 그나마 여학생이 남학생보다는 덜 단조로운 컬러 감각을 발휘하지만 이내 나이가 조금 더 들어 20대로 접어들면 그나마 있던 색깔마저 다 빠진다. 어른이 되고 나서 옷을 사러 가면 어느 순간 자신이 입을 수 있는 옷의 색깔이 한정적이라는 것을 깨닫게 된다. 남자 어른이 고를 수 있는 옷이라곤 흰색, 검은색, 회색 등의 무채색부터, 조금 화려한 색을 찾으면 그나마 파란색, 초록색, 겨자색 정도이다. 눈에 띄는 옷들은 입으려고 하지도 않거니와 막상 마음에 들어 사려고 해도 주변 사람들의 시선에 걱정부터 앞선다. 어쩌다 큰마음 먹고 마음에 드는 빨간색이나 노란색 옷을 사서 그 다음 날 입고 나가면 주변에서 꼭 장난 섞인 놀림을 받는다. "야, 나이가 몇 살인데 빨간색이야?"라는 말과 함께 웃음까지 말이다. 결국 점점 색을 잃어가는 게 당연하게 받아들여지는, 어른의 삶을 경험하게 된다. 나이가 들면 들수록 더욱더 색상 선택이 보수적으로 변한다.

주변 시선이 뭐라고 자신이 입고 싶은 색깔의 옷 하나 입는데도 대단한 용기가 필요하다. 그런 사회에서 어떻게 자신이 하고 싶은 것을 자신 있게 이야기하고 자기의 인생을 주체적이고 행복하게 살 수 있을까? 변화나 도전에 대단한 용기를 가져야 하는 세상이 바로 어른의 삶인가보다. 종종 이런 현실에 체념하게 된다. 아이러니하게도 우리는 나이가 들수록 스스로에게 한계를

그어버리고 자신이 할 수 있는 것과 할 수 없는 것을 정해버린
다. 그리고 그 한계의 선이라는 것이 나이가 더 들수록 줄어들
고 자신을 조여 온다. 그러다 어느 순간에 다다르면 발 한 걸음
옆으로 디디기도 힘들어진다. 하지만 마음먹기에 따라 발 한걸
음 내딛는 게, 그리고 자신이 그어놓은 한계라는 선을 넘는 게
생각보다 참 쉬운 일이라는 것 또한 깨닫게 된다. 마음의 선을
넘어보면 알게 될 것이다. 남의 눈치를 보며 만들어 놓은 울타

리가 얼마나 보잘것없고 하찮은 것이었는지.

　물론 옷 색깔 하나로 사람의 성향과 가능성을 속단한다는 게 성급한 일인지도 모른다. 그러나 분명한 사실은 마음속으로 '이 것은 안 돼, 내 나이가 몇 살인데 이런 걸……' 하고 생각하는 무 의식적인 제재들이 마음속에 자리 잡는 순간 자신의 의식이 자 기도 모르는 사이 스스로를 웅크리게 만들 것이다. 그렇다면 어 떻게 하면 변화의 가능성을 조금이라도 높여 자기 자신의 다양 한 색깔을 잃지 않고 지킬 수 있을까?

　중요한 건 자신감이다. 빛은 여러 가지 색깔을 갖고 있다. 모 든 색깔이 합쳐진 무색의 빛이 하늘에서 내리는 빗방울에 굴절 되었을 때 비로소 여러 가지 색깔을 가진 아름다운 무지개를 볼 수 있는 것이다. 우리 모두는 자신이 모르는 다양한 가능성을 가지고 있다. 무지개를 볼 수 있느냐 그렇지 않느냐는 것은 비 를 맞을 용기가 있냐 없냐와 같은 의미일 것이다. 누구나 미래 의 무지개를 맞이할 수 있다. 대신 그것은 준비된 사람들만 볼 수 있는 것이기도 하다.

왜 나이가 들수록 노래방 가면
부를 노래가 없는 걸까?

감정이 메마르면 인생은 재미없다

누구나 학창시절에 좋아하던 가수 한 명, 노래 한 곡쯤은 있을 것이다. 늘 학교에서 많은 시간을 보내야 했던 학창시절에 내 큰 행복은 좋아하는 노래를 듣는 일이었다. 지금 돌이켜보면 필자에게 노래를 듣는 일은 취미 이상의 의미였던 것 같다. 지금이야 스마트폰으로 쉽게 음악을 듣지만 필자가 고등학교에 다닐 때만 해도 MP3플레이어라는 게 한창 유행했었다. 휴대폰은 없어도 저마다 주머니에 MP3플레이어 하나쯤은 가지고 다니면서 등하교 시간에는 물론 쉬는 시간에도 귀에 이어폰을 꽂고 노래를 듣는 풍경이 익숙하던 때였다. 각자 앨범 리스트에 있는 좋은 노래들을 공유하며 서로 좋아하는 노래를 추천해주기도 했다.

학창시절이라면 한창 감수성이 풍부할 때이지 않은가. 수업

하찮고 사소하고 쓸데없는 질문을 하라

이 늦게 끝나고 집에 돌아가는 길에 오락실에 있는 동전 노래방에 가서 노래 부르는 것 또한 학창시절 큰 즐거움이었다. 한 평도 채 되지 않는 작은 부스가 오락실 한쪽 벽에 줄지어 여러 개가 있었다. 모든 부스마다 닭장의 닭들처럼 친구들 몇 명이서 옹기종기 들어가 서로 노래를 부르고 또 들어주느라 정신없었다. 지금 생각해보면 하나의 문화였고 메말라 있던 하루에 생기를 주던 시간들이었다.

친구들끼리 서로 마이크를 번갈아가면서 한 곡씩 부르기 시작하면 저마다 부르고 싶은 노래를 예약하고, 자기 차례가 되면 열과 성을 다해 노래를 부르느라 무아지경이었다. 뭐가 그렇게 부르고 싶은 노래가 많았을까. 생각해보면 신곡을 줄줄이 외우고 있는 것뿐만 아니라 자주 부르던 노래는 예약 번호까지 외울 정도였으니 작은 부스를 가득 채우던 열정이 참 대단했다. 고등학교를 졸업하고 시간이 흐르면서 해야 할 것들이 늘어가며 친구들의 노래를 들을 기회가 점점 줄어들었다. 지금은 일 년 중 손가락으로 꼽을 정도로 적게 노래방에 놀러 가곤 하지만 부르는 노래는 아직 고등학교 시절 때의 노래에 멈춰있다. 늘 부르던 노래를 부르게 된다. 가끔 주변 친구들에게 요즘 무슨 노래를 듣는지 물어보아도 다들 멋쩍은 표정을 짓는다. 필자 또한 노래방 책을 뒤적뒤적거려도 무슨 노래를 불러야 될지 망설여진다. 벽에 붙어있는 이달의 신곡표는 생소한 가수의 이름과 제

목을 읽기도 어려운 노래들로 가득하다. 어릴 때는 한 곡이 아쉬워서 친구가 부르던 노래도 같이 따라 불렀는데 요즘엔 부를 노래가 마땅히 없어 금방 노래방을 나올 때도 있다.

학창시절 밤새 비워내도 다음 날이면 아무렇지 않은 듯 다시 차오르던 감정의 우물은 벌써 메말라 버린 걸까? 아니면 새로운 노래를 들을 만큼의 여유도 잃어버린 걸까? 요즘 노랜 유치하다는 평계를 대며 애써 메마른 마음을 못 본 체 하지만 마음 한 편의 서글픔은 사라지지 않는다. 사랑 노래에도 슬프지가 않고 댄스 노래에도 그다지 신나지 않는다면 얼마나 삭막한 인생일까? 인생을 즐겁게 해주는 여러 요소 중에 하나가 음악이라고 생각한다. 세월이 흘러가면 당연히 걱정되고 책임져야 할 일들이 늘어난다. 그래서 자연스레 하루에 자신이 좋아하는 음악 한 곡 들을 여유마저도 잃어가는 사람들이 많을 것이다. 참 안타까운 일이다. 한 번 시든 마음은 사소한 즐거움에서 행복을 느끼기 어려울지도 모른다. 자신의 마음속 꽃이 더 시들기 전에 오늘 좋아하는 노래 한 곡 들어보는 건 어떨까?

평생 동안 우리는 자기 자신을 위해
얼마나 시간을 쓸까?

진짜 중요한 것을 놓치면 안 된다

우리는 살면서 여러 가지 하고 싶지 않은 일을 하며 살아간다. 돈을 벌기 위해 시간을 쓰고, 또 번 돈을 쓰기 위해 시간을 쓴다. 학생은 좋은 점수를 위해 좋아하지 않는 과목을 공부해야 할 때가 있고, 직장인은 좋아하지 않는 회사 일을 해야 할 때도 있다. 만나기 싫은 사람을 어쩔 수 없이 만나야 할 때도 있고, 어른이기 때문에 해야 하는 일도 있다. 그렇게 우리는 좋아하는 일이든 싫어하는 일이든, 참으로 많은 일을 하며 살아간다. 인생이라는 긴 시간을 놓고 이야기하면 어려울 수 있으니 하루라는 시간을 놓고 이야기해 보도록 하자. 어제 하루 동안 우리는 자신을 위해 얼마나 시간을 썼을까? 한번 생각해보자. 이 세상에는 그 어느 누구도 다른 사람의 인생을 대신 살아주는 사람은

하찮고 사소하고 쓸데없는 질문을 하라

없다. 모든 사람들이 지금 이 순간 역시 자신의 인생을 살아간다.

그렇다면 자신의 인생을 자신을 위해 온전히 쏟을 수 있는가에 대해서 한번 생각해볼 필요가 있다. 인생을 길게 놓고 봤을 때 학생이 공부를 열심히 하는 것, 직장인이 회사 일을 열심히 하는 것은 자신의 인생을 위해 하는 노력일 것이다. 하지만 그러한 노력들이 자신의 인생을 얼마나 풍요롭게 하고 행복하게 만드는지에 대해서는 한 번쯤 의심해 봐야 한다.

우리는 가끔 행복을 은행의 이자처럼 생각할 때가 있다. 이자는 원금에서 시간이라는 개념이 붙어야 생기는 것이다. 즉, 지금 당장 생기는 것이 아니라 시간을 두고 오래 묵혀놓았을 때 나중에 얻을 수 있다는 의미이다. 그러나 행복이 정말 이자처럼, 저장해두면 알아서 불어나는 것일까?

미래의 행복을 위해서 노력을 해야 하는 건 맞는 말이다. 미래는 현재로 이루어져 있으니 말이다. 지금 성실하지 않으면 미래에 있을 행복을 맞이하지 못할 수도 있고, 반대로 미래에 있을 불행에 대비해 재기할 수 있는 발판을 마련하기 어려워질 수도 있다. 하지만 다시 생각해보면, 미래의 행복은 현재의 행복이 아니다. 앞서 말했듯이 미래에 있을 무언가는 행복일 수도 있고 불행일 수도 있는 어떤 것일 뿐 아직 오지 않은 미래의 행복을 맞이한다는 생각에 현재의 행복을 소홀히 하고 있는 건 아닌지 생각해보아야 한다.

자네 정말로 행복한가?

그렇다면 현재 행복하기 위해서는 어떤 노력을 해야 하는 걸까? 바로 오늘 당장이라도 지금 무언가를 통해서 자신이 행복할 수 있는지를 찾아야 한다. 그러기 위해서 하루 중에서 자기 자신을 위해 시간을 보내는 여유를 가져야 한다. 그래야 자기 자신과 소통할 수 있고 그 소통을 통해서 진정으로 자신이 원하는 것을 알 수 있는 것이다. 예를 들어, 좋아하는 운동을 하거나 좋아하는 음악을 듣거나 혹은 좋아하는 책을 읽는 것이 하루 안에서 행복을 느낄 수 있는 것들이 될 수 있다. 하루를 행복하게 보낼 줄 모르는 사람은 미래에도 행복할 수 있는 확률이 떨어진다고 생각한다. 행복이라는 건 어느 날 갑자기 찾아오는 것이 아니다. 자기 자신을 돌보는 시간을 많이 할애할수록 행복해질 수 있는 확률은 조금씩 올라가는 것이 아닐까?

강박증을 고치려면
어떻게 해야 할까?

완벽주의를 버려라

현대인들은 누구나 자신만의 강박증이 하나씩은 있다고 한다. 늘 시간에 쫓겨 살아야 하고 바쁘게 움직여야 하기 때문에 스트레스를 많이 받는다. 그렇기 때문에 자연스레 심리적인 여유가 부족한 삶을 살게 된다. 이것은 강박증이 생겨나기 좋은 조건이 된다.

대부분의 강박증은 어떤 특정 행동을 통해서 마음의 안정감을 얻고 그것을 하지 않으면 불안감을 느끼게 된다. 누구나 조금씩은 가지고 있을 만한 가장 대표적인 강박증 중에 하나는 확인에 대한 강박이다. 가장 흔한 예로, 분명 문을 잠갔음에도 불구하고 계속해서 확인해야 마음이 놓이는 경우이다. 이러한 강박증의 원인은 완벽주의에 있지 않을까 하고 생각한다. 완벽주의란 바꿔 이야기하면 실수를 받아들이지 못하는 태도이다. 인간은 완벽하지 못한 동물이다. 그렇기에 인간의 삶 역시 완벽할 수 없다. 이것은 누구도 쉽게 부정할 수 없는 명제일 것이다. 그런데 이 명제를 부정하려고 하니 병이 생기는 것이다.

만약 100개의 일을 했을 때 1개 정도는 실수를 할 수도 있는 법인데 완벽주의는 이것을 용납하지 못한다. 우리는 왜 이렇게 자신에 대해서 조금의 실수도 용납하지 못하는 삶을 살게 된 것일까? 참 슬픈 일이지 않은가. 그런데 잘 살펴보면 우리가 갖고 있는 완벽주의에서 비롯된 강박 증세들이 대부분 사소한 것에 기인해 있다는 것을 알 수 있다. 정말 중요하고 완벽함이 요구되는 일은 우리 생활 속에서 극히 일부분밖에 없다. 이러한 문제는 개인의 문제로 생각해야 할까? 그러나 앞서 말한 것처럼 현대인들 대부분이 정도의 차이만 있을 뿐 대부분 완벽해져야 한다는 강박증을 가졌다면 이것은 비단 개인의 문제로만 볼 수 없다는 생각이 든다. 그렇다면 현대인들의 강박증이 하나의 사회적 문제라고 봤을 때 "왜 우리 사회는 사람들을 완벽주의자로 만들었을까?" 하는 질문에 다다르게 된다.

유독 우리 사회가 개인의 실수나 실패를 받아들이는 여유를 주지 못하는 이유는 과연 무엇일까? 우리는 어려서부터 학교에서 시험이라는 제도를 경험하게 된다. 이 시험의 특징은 문제가 객관식이든 주관식이든 결과는 맞거나 틀리거나 둘 중 하나로만 결론이 난다는 것이다. 맞으면 동그라미를, 틀리면 작대기를 쭉 하고 긋는다. 굉장히 시각적이고 다소 충격적인 채점 방식이다. 우리는 어려서부터 이런 결과 중심적이고, 이분법적인 제도에 익숙해져 왔다. 이렇게 맞거나 틀리는 이분법적인 교육은 틀리는 것에 대한 대단한 불안감과 두려움을 무의식 속에 심어왔다. 시험에는 세모가 없다. 즉 맞을 수도 있고 틀릴 수도 있는 경우는 없다. 하지만 인생에는 세모가 있을 수 있다는 것을 학교를 졸업하고 나서야 비로소 알게 된다.

인생을 살다 보면 맞고 틀리고의 문제가 아닌 경우도 많이 마주하게 된다. 그러나 우리는 최대한 동그라미에 맞추도록 노력한다. 왜냐하면 동그라미가 아닌 것은 틀린 것으로 간주하기 때문이다. 습관이라는 것은 참 무서운 것이다. 조금이라도 오차를 허용하는 연습을 해본 적이 없는 사람은 약간 찌그러진 동그라미나 세모에 가까운 동그라미에서 매우 불안함을 느낀다. 그렇기 때문에 강박증에서 벗어나기 위해서는 여러 모양의 동그라미를 받아들일 줄 알아야 한다. 세상에 완벽한 것은 존재하지 않는다. 그렇기 때문에 완벽주의라는 것도 존재하지 않는 것이다. 존재하지 않는 것을 좇는 인생은 결코 행복할 수 없다.

하찮고 사소하고 쓸데없는 질문을 하라

인생에서 가장 공평하다고
느낄 때가 언제인가?

누구나 죽는다

엄마 뱃속에서 태어나 세상에 나와 조금만 지내다 보면 인생은 불공평하다는 것을 금방 깨닫게 된다. 사람마다 주어진 환경이 똑같은 사람은 단 한 사람도 없다. 심지어 형제나 자매들도 저마다 순서가 다르기 때문에 같은 부모 아래에서 자라도 첫째가 느끼는 생각과 막내가 느끼는 생각은 다를 수밖에 없다. 불공평하다는 것은 어떤 의미일까? 불공평하다는 말은 다른 말로 바꾸면 '다르다'는 의미라고 생각한다.

자신의 인생과 다른 사람의 인생은 다른 것이다. 이 다름의 차이를 인정하게 되면 인생이 불공평하다는 것을 받아들이는 일이 조금은 더 수월해질지도 모른다. 모두가 같은 조건에서 인생을 살 수는 없다. 누구는 부유한 환경에서 풍족한 삶을 누리고 사는 반면 누군가는 항상 부족한 먹을거리에 시달리며 어려운 환경에서 살아야 하는 사람들도 있다. 안타깝지만 이것이 우리가 살고 있는 세상의 현실이다.

이렇게 불공평한 세상 속에서 이 세상 모든 사람들이 가지고 있는 공평한 사실 한 가지가 있다. 그것은 바로 누구나 언젠가 죽는다는 사실이다. 이것은 인류가 존재한 이래로 단 한 번의 예외도 없이 지켜져 온 지구의 공평함인 것이다. 기껏 공평한 것을 하나 찾았는데 그게 '죽음'이라니 조금 실망스러울 수도 있다. 그러나 누구도 피해 갈 수 없는 관문인 만큼 우리는 이 죽음에 대한 올바른 이해와 충분한 대비를 할 수 있어야 한다. 물론 죽음이라는 것이 준비한다고 해서 일어나지 않고, 용기를 내어 맞선다 해

내가 좀 공평하긴 하지.

그런데 얘는 왜 이렇게 힘들지??

서 두렵지 않은 것은 아니다.

직업에는 귀천이 있을지 몰라도 죽음에는 귀천이 없다. 젊은 사람이나 나이 든 사람이나, 사회적 지위가 있거나 없거나, 돈이 많은 사람이나 적은 사람이나, 내가 사랑하는 사람이나 미워하는 사람이나 그 누구에게나 죽음은 공평하게 찾아온다. 만약에 죽음이라는 것이 불공평해서, 누구는 죽고 누구는 영원히 죽지 않는 삶을 살 수 있다면 어떤 세상이 펼쳐질까? 지나간 날들이 추억이 되고 다가올 미래가 희망차게 느껴지는 이유는 우리의 삶이 유한하기 때문이다. 만약 사랑하는 사람에게 사랑한다는 말을 할 기회를 10년이고 20년이고 미룰 수 있다면 그러한 감정을 사랑이라고 말할 수 있을까? 떠나보낸 누군가를 그리워하고 미래에 다가올 누군가를 설레는 마음으로 기다리는 일이 일어날 수 있을까?

　인생이라는 것이 소중하고 가치 있고 아름다운 이유는 죽음이라는 공평함이 존재하기 때문인 것 같다. 그렇다면 우리는 어떤 자세로 인생의 마지막 관문인 '죽음'을 이해하고 받아들여야 하는지 스스로 고민해볼 필요가 있다. 이 세상에 후회되지 않는 삶은 없고 아쉬움 없는 인생은 없을 것이다. 그렇다면 조금이라도 죽음과 거리가 떨어져 있을 때 우리는 스스로에게 이러한 질문을 던져봐야 할 것이다. 죽음이라는 이 공평함 앞에서 우리는 어떻게 긍정적으로 살아갈 것인지 말이다.

하찮고 사소하고 쓸데없는 질문을 하라

멀리 가야 여행인 걸까, 여행의 기준은 무엇인가?

여행은 익숙함을 버리는 일이다

가끔 날씨가 좋은 날이면 기차를 타고 멀리 떠나고 싶은 생각이 들 때가 있다. 평소에 머물던 장소에서 벗어나 어디론가 떠나고 싶은 욕망은 누구에게나 존재한다. TV를 켜보면 채널을 조금만 돌려봐도 여행에 관한 정보나 이야기가 물밀 듯이 쏟아져 나온다. 서점에 가서 여행 관련 코너에 가보면 세계 곳곳의 여행 정보와 여행기를 담은 에세이 같은 관련 서적들이 즐비하다. 이름만 들어도 알 수 있는 유명한 나라부터 발음하기도 어려운 낯선 장소까지 그야말로 전 세계의 여행 정보를 책으로 모아놓은 것을 보면 입이 쩍하고 벌어진다. 정말이지 책으로 세계 여행을 해도 손색이 없을 정도이다. 그래서 여행에 크게 관심이 없던 필자 역시 가끔씩은 여행을 가야만 될 것 같은 의무감마저 든다. 그리고 가끔 밤에 잠이 안와 채널을 돌리다 새벽 시간에 홈쇼핑 채널에서 해외여행 패키지 관광 상품을 파는 것을 보면, 정말이지 우리나라 사람들이 여행에 관심이 많구나 하는 생각이 든다. 국내 경기가 좋지 않다는 신문 기사들이 무색하게 해마다 증가하는 해외 관광객 수를 보면 여행이 가지고 있는 매력이 분명 있는 것 같다는 생각이 든다. 그런데 수변에서 사람들이, 너무 해외여행만이 유일한 여행인 듯 이야기하는 것을 들을 때면 고개가 갸우뚱해질 때가 종종 있다. 왜냐하면 무작정 집을 나서서 멀리 떠나는 것이 휴식이고 여행인 것만은 아니라는 생각이 들기 때문이다. 필자는 개인적으로 집 근처나, 기차를 타고 가볍게 한두 시간 정도 거리를 소풍가듯이 여행하는 것은 좋아하지만 비행기를 타고 어디론가 떠나야 하는 여행에 대해서는 소극적이다. 가끔은 '여행'이라는 것에 대한 진정한 의미를 조금 다르게 바라보면 어떨까 하는 생각이 들 때가 있다. 필자가 생각하는 여행의 핵심은 '일상생활 속에서 겪는 익숙함에서 벗어나는 것'에 있다고 생각한다.

여기서 포인트는 '익숙함에서 벗어난다'는 데 있다. 그렇다면 우리는 왜 익숙함에서 벗어나고 싶어 하는 것일까? 여기서 말하는 익숙함은 단순한 익숙함이 아니라 '의미 없는 익숙함'을 뜻한다. 내가 좋아서 하는 일에 대한 익숙함이 아니라 나의 의지와 상관없이 생활을 해나가기 위해 해야 하는 일련의 익숙함은 대개 자기 자신에게 무의미한 행동들이 많기 때문이다. 직장을 예로 들어보자. A라는 사람과 B라는 사람이 있다. 이 두 사람의 직업은 똑같이 자동차 정비사이다. 그런데 A라는 사람은 원래 꿈은 가수였지만 생활비를 벌기 위해 어쩔 수 없이 자동차 정비 기술을 배워서 자동차 정비사로 살아가고 있는 사람이다. 반면에 B라는 사람은 어려서부터 자동차에 대한 관심이 많아 자신이 좋아하는 자동차를 제대로 공부해 보기 위해 자동차 정비학과에 진학했고 최고의 자동차 정비사가 되는 게 꿈인 사람이다. A와 B는 하루에 9시간씩 주 5일을 일한다고 했을 때 똑같은 직업에 똑같은 근무시간이라 하더라도 A와 B가 느끼는 일상생활에서의 의미는 크게 다를 것이다. A에게는 하루하루가 그저 돈을 벌기 위한 '무의미한 익숙함'의 연속이라면 B는 정비소 자체가 자신에게는 놀이터이고 좋아하는 자동차를 만지는 일이 즐거울 수밖에 없다. 그렇기 때문에 B에게는 '의미 있는 익숙함'의 연속인 것이다.

그렇다면 여기서 질문이다. A와 B 중 익숙한 일상생활에서 벗어나고 싶은 욕망이 더 큰 사람은 누구일까? 아마도 A일 확률이 높다. A에게는 의미 있는 일탈이 필요한 것이다. 그렇기 때문에 우리는 여행을 단지 멀리 떠나고 새로운 곳에 가야 되는 것이 아니라, 일상생활 속에서도 여행을 하는 것과 같은 경험을 충분히 할 수 있다. 방법은 바로, 무의미한 익숙함에서 벗어나

작은 것이라도 자신에게 의미 있는 일을 찾아보는 것이다.

　서점에 가서 새로운 작가의 책을 사서 읽는 일이 될 수도 있고 영화관에 가서 새로 개봉한 영화를 찾아보는 것도 방법 중 하나일 것이다. 또한, 가까운 곳이라도 여행을 가게 된다면 떠나기 전 자신의 삶을 한 번쯤은 돌아보는 시간을 가져보면 좋을 것이다. 자신의 일상 속 익숙함이 자신에게 어떤 의미였는지 말이다.

한국에서 외국인이 영어로
물어오는데 내가 당황하는 이유?

자기 것에 대한 자신감, 자존감

필자가 예전에 아르바이트를 할 때 있었던 일이다. 군대를 전역하한 후, 복학하고 얼마 안 되어서 학교 근처 호프집에서 저녁에 서빙 아르바이트를 하고 있었다. 그때 필자의 역할은 손님들의 주문을 받고 주문 받은 메뉴를 서빙하는 일이었다. 그 외에 손님들의 요구에 응대하는 것 역시 필자의 몫이었다. 딱히 어려운 일은 없었다. 그런데 딱 하나 어려운 일을 꼽으라면 바로 가끔씩 찾아오는 외국인 손님을 응대하는 것이었다. 그 이유는 바로 '외국어' 때문이었다. 필자는 부족한 영어 실력을 감추고자 조금 더 신중히 외국인 손님들을 대했다. 그러던 어느 날이었다. 가게 안은 평소보다 한가했다. 그래서 필자는 문 앞에서 들어오는 손님을 맞이하기 위해 서 있었다. 그때 가게 안쪽에서 한 외국 손님이 무언가를 두리번거리며 내게로 걸어오는 것이었다. 그동안의 경험에 비추어 보았을 때 분명 화장실을 찾는 손님이었다. 그래서 필자는 머릿속으로 손님이 영어로 화장실이 어디냐고 물어보는 상황을 상상하고 있었다. 그리고 재빨리 머릿속으로 화장실을 안내하기 위한 영어 문장을 만들고 있었다. 대사는 준비되었다. 자연스러운 영어로 화장실의 위치를 가르쳐 줘야겠다고 마음먹고 있었다. 거리가 점점 좁혀지고 있었다. 5m, 4m, 3m, 2m, 1m, 딱 하고 마주쳤다. 친절한 미소를 지으며 외국인 손님을 쳐다보고 있었다. 그런데 그 외국인 손님의 입에서 뜻밖의 언어가 튀어나왔다. "저기… 죄송한데 여기 화장실이 어디 있어요?" 한국어였다. 그것도 아주 유창한 한국말이었다. 뜻밖의 전개에 당황했고 내 입에서는 영어도 한국말도 아닌 이상한 말이 튀어나왔다. 도대체 나는 그때 왜 당황했던 것일까?

필자가 당황했던 이유는 외국인이 한국말을 유창하게 잘했기 때문인 것보다 당연히 외국인에게 영어로 말해줘야 된다는 부담감이 갑자기 사라졌기 때문이었다. 물론 외국어를 유창하게 한다면 상대방을 배려하는 차원에서 외국어로 말해줄 수 있다. 하지만 반드시 그렇게 해야 하는 것은 아니다. 가끔 길거리에서 외국인이 길을 물어오면 피하는 사람들을 볼 수 있다. 그런데 가만히 생각해보면 피할 이유가 전혀 없는데 꽤 이상한 모습이

하찮고 사소하고 쓸데없는 질문을 하라

다. 이곳은 대한민국이 아닌가? 그렇다면 외국어를 잘하지 못한다고 해서 부끄럽거나 쑥스러워 할 이유가 전혀 없지 않은가?

우리는 대한민국의 주인인 대한민국 사람이다. 그렇기에 이곳에서 우리가 한국어를 쓰는 것은 당연한 일이다. 그리고 길을 물어오는 외국인 관광객은 우리나라를 방문한 손님이다. 그렇다면 한국에서 외국어로 물어오는 외국인 관광객들은 떳떳하게 말하는데 한국 사람이 한국에서 한국어로 말하는 것을 왜 쑥스럽게 생각해야 하는 걸까? 만약 외국에서 외국인에게 외국어로 길을 묻고 싶은데 그 나라 언어를 구사하지 못하는 것을 쑥스러워 하는 것이라면 그나마 이해할 수 있겠다. 하지만 한국에서 한국어로 이야기해주는 것은 쑥스러워 할 필요가 없는 것이다. 한국을 찾은 외국인에게 유창한 외국어로 안내해주지 못했다는 자괴감을 한 번이라도 느껴본 적이 있는가? 가끔 한국어보다 외국어, 특히 영어에 대한 이미지가 좀 더 과장되어 있지 않은지 한번 생각해볼 필요가 있다.

길거리만 다녀 봐도 정말이지 순수 한국어로만 되어 있는 간판을 찾기가 쉽지 않다. 외국어나 외래어로 적혀 있는 간판들이 부지기수다. 그리고 일상생활 속에서도 하루 만이라도 외국어와 외래어를 전혀 사용하지 않고 대화를 해본 적이 있을까? 생각해보면 얼마나 우리의 것을 소홀히 다루는지 깨달을 수 있다. 물론 외국어를 사용하는 것 자체가 좋지 않다는 이야기가 아니다. 그저 외국어가 유창하지 못한 자신을 부끄럽게 생각하는 근본적인 이유에 대해 생각해보고 싶은 것이다. 필자가 생각하기로는 낮은 자신감 혹은 자존감의 문제가 아닐까 조심스레 추측해본다. 비단 언어를 구사하는 영역뿐만 아니라 모든 부분에서 누구나 자신의 것에 대한 자신감과 자존감이 있어야 한다. 우리가 정말로 부끄러워해야 할 것은 제대로 된 한국어를 구사하지 못할 때이지 외국인과 외국어로 유창하게 대화하지 못할 때가 아닌 것이다. 만약 다음번에 길에서 외국어로 길을 물어오는 외국인이 있다면 외국어로 답해주지 못해도 좋다. 친절은 언어를 가리지 않는다. 친절한 미소를 띠고 아름다운 한국어로 안내해준다면 그 외국인은 당신에게 충분히 고마워할 것이다.

오래 사는 방법엔
어떤 것이 있을까?

발상의 전환의 중요성

인간에게는 누구나 오래 살고 싶은 욕구가 있다. 이것은 생존에 대한 인간의 동물적 욕구이다. 그래서 장수의 비결에 대한 사람들의 관심은 동서고금을 막론하고 뜨겁다. TV를 보면 장수에 도움이 되는 발음도 하기 어려운 식재료부터 새로운 운동법까지 소개하느라 바쁘다. 그래서 지난밤 TV에서 어디에 좋다더라 하는 식재료는 그 다음 날 시장이나 마트에 가면 불티나게 팔린다.

그렇다면 오래 산다는 것은 무엇을 의미할까? 대부분 '장수'라고 하면 물리적인 시간의 개념으로 오랜 시간 동안 생존해 있는 것을 생각한다. 필자는 아직 나이가 젊어서 그런지 장수에 대한 관심은 적은 대신 다른 것에 관심이 있다. 바로 '잠'이나 '수면'에 대한 관심이다. 모든 사람들에게 주어진 하루의 시간은

24시간이다. 그렇다고 해서 모든 사람의 하루 길이가 똑같은 것은 아니다. 필자의 하루의 길이와 이 글을 읽고 계시는 독자의 하루의 길이는 다를 것이다. 왜냐하면 그 하루를 어떻게 보내는지에 따라 길게 보낼 수도 있고 짧게 보낼 수도 있기 때문이다. 대표적으로는 '잠을 적게 자냐 많이 자냐'로도 나의 하루 시간을 늘릴 수도, 줄일 수도 있다. 그래서 언제부턴가 잠자는 시간이 아깝다는 시간이 들기 시작했다. 물론 수면이라는 것이 단순히 눈만 감고 시간을 보내는 것이 아니라 깨어있을 때의 피로를 풀어주는 등 정상적인 생활을 이어나가기 위해 반드시 필요한 요소임에는 동의하지만 바쁠 때는 잠자는 시간이 야속하게 느껴지는 것 또한 사실이다.

그렇게 '잠'에 대해서 관심을 갖고 생각하던 중에 어느 날 장수와 연관된 약간 엉뚱한 아이디어가 떠올랐다. 바로, 똑같은 나이를 살았어도 아마도 실질적으로 보낸 시간의 양은 다르지 않을까 하는 생각말이다. 우선 예를 들어보자. 만약 연세가 똑같이 80세이신 두 분의 어르신이 있다고 가정해보자. 이 두 분은 같은 해 같은 날 같은 시각에 태어났다. 그렇다면 이 두 분은 정말 80년을 살아오면서 똑같은 양의 세월을 보냈을까? 물론 나이가 같기 때문에 언뜻 생각하면 이 두 분의 인생 총량이 같다고 생각할 수도 있다. 하지만 예를 조금 더 자세하게 들어보면 생각이 달라질 것이다.

김 씨 할아버지께서는 젊은 시절부터 밤 12시에 주무셔서 새벽 5시에 일어나시는 생활을 꾸준히 해오셨다. 반면 김 씨 할아버지보다 잠이 많은 편인 이 씨 할아버지는 저녁 10시에 주무셔서 아침 8시에 일어나시는 생활을 해왔다. 김 씨 할아버지의 하루 평균 수면시간은 5시간 내외이고 이 씨 할아버지의 하루 평균 수면시간은 10시간 내외이다. 그렇다면 80년이라는 긴 세월을 함께 사셨지만 실제로 이 두 분의 인생의 길이는 김 씨 할아버지가 이 씨 할아버지보다 매일 5시간씩은 더 산 셈이 되는 것이다. 하루에 5시간씩 365일이면 1,825시간, 이러한 습관이 20세부터 이어져 왔다고 가정해보면 20세부터 80세까지 61년간 매년 1,825시간이 차이가 나는 삶이 되는 것이다. 계산해보면 김 씨 할아버지와 이 씨 할아버지는 연세는 같아도 실제로는 김 씨 할아버지가 이 씨 할아버지보다 대략 111,325시간을 더 산 셈이다. 무려 4,638일을 더 산 것이다. 자그마치 12년이라는 세월이 차이 나는 것이니 이 씨 할아버지 시간으로는 김 씨 할아버지는 80세가 아닌 92세의 삶을 산 것이다. 즉 하루를 보냈다고 다 같은 하루를 보낸 게 아닌 것이다. 장수의 비밀을 찾는 일은 어려울지 모르겠지만 하루 동안의 자신에게 주어진 시간을 어떻게 보낼지 조절하는 것은 그보다 쉬울 것이다.

봉지라면보다 컵라면이
맛있는 이유?

마음가짐의 중요성

지금 이 책을 읽고 계시는 독자 분들 중 등산을 좋아하는 분들이 있다면 산행 길에 먹는 컵라면의 맛은 길게 설명하지 않아도 잘 아실 것이다. 특히 비오는 날이나 추운 겨울에 밖에서 먹는 컵라면 맛은 정말 기가 막히다. 왜 그런 걸까? 똑같은 라면이지만 아늑한 집에서 이것저것 집어넣고 끓인 봉지라면보다 찬바람이 부는 밖에서 스프와 물밖에 들어가지 않은 작은 컵라면이 더 맛있게 느껴지는 것이 이상한 걸까? 살다 보면 똑같은 일이 벌어졌는데 다른 느낌을 받을 때 종종 "기분 탓인가?"라는 말을 하곤 한다. 우리는 우스갯소리쯤으로 이 말을 하지만 정말 기분이 라면의 맛까지 좌우할 때가 있다. 그렇다면 이런 현상을 별거 아닌 라면 먹는 일에서 더 나아가 일상 속 다른 상황에도

적용할 수 있다면, 무미건조한 일상이 추운 겨울날 밖에서 호호 불어가며 먹는 컵라면처럼 뭔가 특별하고 재미있어지지 않을까? 이것을 우리가 아는 조금 식상한 표현으로 옮기면 '마음가짐의 차이'라고 볼 수 있다. 우리는 마음가짐이라는 표현을 너무 자주 사용한 탓인지 너무 착하게 받아들이는 경향이 있다. 그런데 조금만 다르게 보면 마음가짐이란 일종의 자기 최면과 비슷한 것이다. 다시 말해 즐겁지 않고 재미있지 않은 일상의 사소한 것들도 그것이 하나의 놀이이고 모험이라고 생각해보는 것이다. 그러면 일상생활 속에 숨어있는 재미들을 찾을 수 있을 것이다. 예를 들어, 아이들이 노는 모습을 한번 상상해보자. 엄마와 아이가 이제 막 외출을 하려고 한다. 그런데 아무리 찾아봐도 현관문 열쇠가 보이질 않는다. 이 상황에서 대부분의 어른들은 마음이 급하고 짜증이 난다. "아, 도대체 어디 있는 거야?"

하고 말이다. 그러나 아이들에게는 보이지 않는 열쇠를 찾는 일이 재미있는 보물찾기 놀이로 바뀔 수도 있는 것이다. 그렇게 되면 아이들은 눈을 초롱초롱하게 빛내며 현관문 열쇠를 찾는 데 집중할 것이다. 이렇게 같은 문제가 발생했을 때 어떤 관점에서 볼 것인가 어떤 최면을 자기에게 걸 것인가에 따라 문제가 지루하고 재미없는 잃어버린 열쇠를 찾는 일이 될 수도 있고 누군가 숨겨놓은 보물을 찾는 재미있는 보물찾기 놀이가 될 수도 있는 것이다.

때로는 일상생활을 보다 즐겁게 보내기 위해서는 어른의 마음가짐보다 아이들의 마음가짐으로 인생을 바라보는 것이 한 가지 좋은 방법은 아닐까 생각해본다.

돈을 훔쳐서 어려운 사람을 도와주면
착한 사람인가, 나쁜 사람인가?

절대적 기준과 상대적 기준

어릴 적 배운 전래동화 중에《홍길동전》을 떠올려 보자. 홍길동은 조선 팔도를 돌아다니며 못된 벼슬아치들이 힘없는 백성들에게서 빼앗은 재물들을 다시 뺏어 가난한 백성들에게 나누어준 정의의 인물이다. 내가 어릴 때만 해도 홍길동은 그야말로 한국적 영웅의 표본이었다. 정의란 무엇인지 몸소 보여주는 캐릭터였다. 그래서 아이들은《홍길동전》이라는 전래동화를 통해서 못된 사람들을 혼내주고 힘없고 착한 사람들을 도와주는 것이 정의이고 곧 옳은 삶이라고 자연스레 배워왔다. 학교에 들어가 12년 동안 우리는 선과 악에 대해서 교과서를 통해 배우고 선생님과 부모님의 훈육을 통해서 몸소 체험했다.

어릴 적 우리가 경험하는 도덕적인 삶의 기준은 일차원적이었다. 좋음과 나쁨의 구분이 분명했다. 그런데 학교를 졸업하고 세상에 나와 보면 학교에서 배운 것이 전부가 아니라는 것을 알게 된다. 점점 다양한 경험들을 하고 세상을 보는 시야가 넓어짐에 따라 단순히 감정적인 선과 악의 구분보다는 법을 지키고 살아야 하는 법치국가의 한 국민으로서 홍길동을 다시 되돌아보게 된다. 마냥 정의로움의 대명사였던 홍길동의 행동들이 과연 오늘날 현대사회의 기준에서도 올바른 행동이었을까? 모든 일의 가치 판단에는 어떤 기준이 있어야 한다. 그런데 애석하게도 학교에서 배운 두 가지로 분류된 선과 악의 절대적인 가치 판단 기준과 개인이 경험을 통해 체득한 다양한 종류의 선과 악의 상대적 가치 판단 기준은 반드시 동일하지 않다. 예를 들어, '거짓말은 나쁘다'라는 명제가 있다고 생각해보자. 우리가 학교에서 배운 절대적 기준으로는 참인 명제이다. 하지만 사회에 나와 어른이 된 후 그동안 축적된 자신만의 상대적 기준에 따라서는 때에 따라 참일 수도 거짓일 수도 있는 명제인 것이다. 왜냐하면 경우에 따라 선의의 거짓말을 해야 하는 경우도 생기기 때문이다. 이렇게 선과 악에 대한 가치는 유동적일 확률이 높은 것이다. 그렇다면 어른이 된 지금 다시 《홍길동전》 이야기를 읽어본다면 어떨까?

감정적인 잣대로 홍길동의 행동을 접근해보면 잘못하고 괘씸한 사람들을 혼내주고 힘없고 약한 사람들을 도와주는 게 뭐가

하찮고 사소하고 쓸데없는 질문을 하라

잘못되었냐고 할 수 있을 것이다. 그러나 누구에게나 법은 평등하게 적용되어야 한다는 전제를 떠올려본다면, 안타깝지만 홍길동 역시 남의 재산을 마음대로 빼앗아 자기가 주고 싶은 사람에게 나눠주는 행위는 잘못된 행동임에 의심의 여지가 없을 것이다. 그렇다면 이 시점에서 이런 질문을 해볼 수 있다. 누군가를 도와주기 위해 한 행동이 불법적인 성격과 도덕적인 성격을 동시에 가졌을 때 그 사람은 도덕적 책임을 다한 착한 사람인가, 법을 어긴 나쁜 사람인가? 대답하기 참 어렵다. 이처럼 우리가 살아가면서 겪는 문제들 중 상당 부분이 이처럼 도덕과 규칙(법)이라는 두 가지 잣대를 가지고 동시에 해석해야 하는 일들

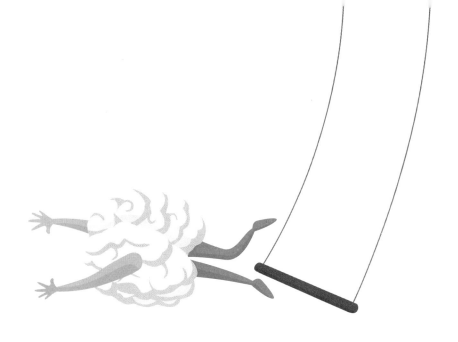

이 많이 존재한다. 물론 누군가를 '착한 사람이다, 나쁜 사람이다'라고 규정하는 것 자체가 기준을 어디에 두는가에 따라 애매모호한 요소가 많기 때문에 어려울 수 있을 것이다. 그렇기 때문에 어떤 일을 판단하고 해석할 때 절대적인 기준과 상대적인 기준을 적절히 사용할 줄 아는 지혜를 터득해야 할 것이다.

때로는 답이 없는 문제를 푸는 것보다 답이 많은 문제를 푸는 것이 더 어려울 때가 있다.

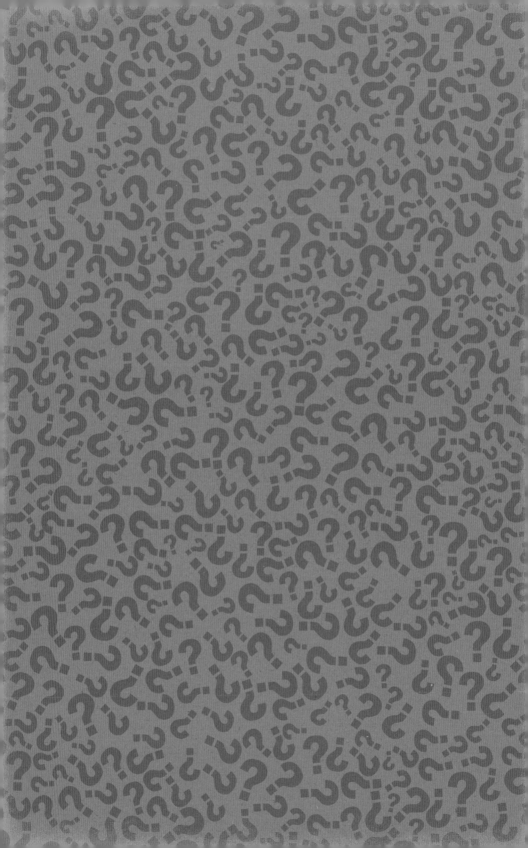

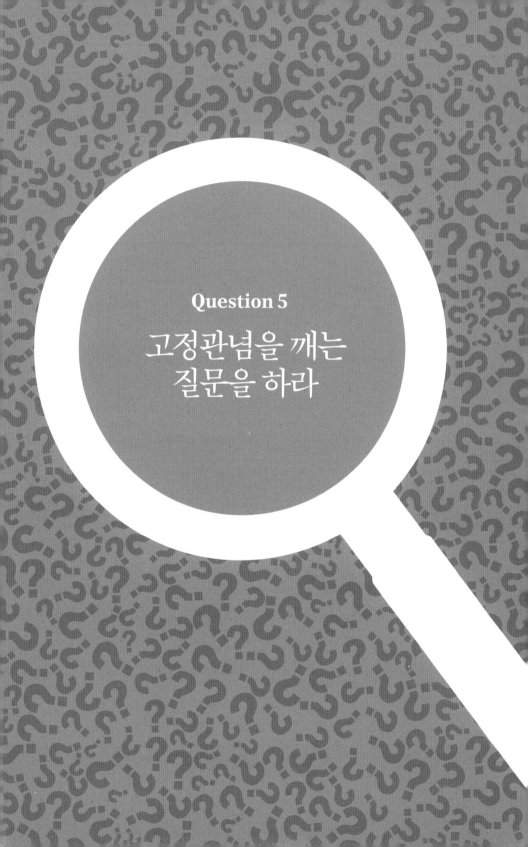

Question 5

고정관념을 깨는
질문을 하라

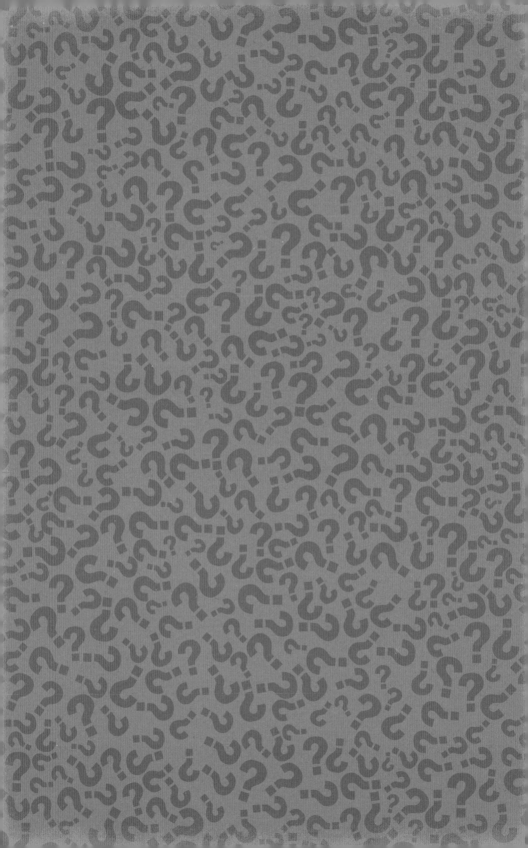

군대를 다녀와야 사람이 된다고?

사람은 결코 짧은 시간 안에 바뀌지 않는다

대한민국 남자라면 모두가 국방의 의무를 위해 군대를 다녀와야 한다. 한창 혈기왕성하고 자유로운 방황을 누리고 싶은 나이에 엄격한 규칙과 규율을 지켜야 하는 2년의 군대 생활은 결코 짧은 시간이 아니다. 그래서 우리나라에는 유독 군대에 대한 이야기들이 많다. 그중에서 흔히 하는 말이 있는데, 군대를 다녀와야 철이 든다는 것이다. 조금 과격한 표현이기는 하지만 군대를 다녀와야 사람이 된다는 우스갯소리까지 하곤 한다. 그만큼 2년 동안의 군 생활이 힘들고 고되다는 것을 돌려서 표현하는 말이라고 생각한다. 그렇게 2년 동안 부모님, 친구, 애인과 떨어져 지내다가 사회로 나오는 전역자들은 입대 전과 사뭇 다른 모습을 보인다. 아침에 일찍 일어난다거나 동작이 빠릿빠릿

하고, 언제나 아침 운동을 즐겨하며 건강한 생활습관을 유지한다. 이로써 지난 2년이라는 세월이 헛되지 않았음을 보여준다. 그러나 그것도 약 일주일 동안 만이다. 정말이다. 전역을 하고 일주일이 지나면 놀라울 정도의 사회 적응력을 보이며 2년 전 자기의 모습을 되찾는다. 회귀본능도 이런 회귀본능이 없다. 왜 그런 걸까?

2년이라는 결코 짧지 않은 기간 동안 늦어도 아침 6시에는 일어나 늦어도 밤 12시에는 취침을 하며 하루 세끼를 꼬박꼬박 먹는 규칙적인 생활을 했음에도 불구하고 그 생활을 사회에서 유지하는 시간이 일주일밖에 되지 않는다는 건 어쩌면 너무나도 허무한 일이 아닐 수 없다. 아무리 세 살 버릇 여든까지 간다는 말이 있다 하더라도, 이건 너무 심하지 않은가? 2년간의 혹독한 훈련의 효과와 2년간 유지한 건강한 생활습관이 무너지는데 얼마 걸리지 않는다는 것은 인간이 얼마나 쉽게 바뀌지 않는 동물인지를 여실히 드러내는 부분이다.

인간은 결코 쉽게 바뀌지 않는다. 그런데 우리는 이것을 주변에 군대를 다녀온 무수히 많은 남자들을 보며 간접적으로 체험했음에도 불구하고 사람을 바꾸는 게 얼마나 어려운 일인지 잊어버리고 사는 듯하다. 살다보면 정말 다양한 사람들을 많이 만난다. 그 다양함은 만나는 사람의 수에 정확히 비례한다. 그런데 그 사람들을 모두 바꾸려 하거나 자신이 모든 사람들에게 맞

추려고 하는 건 불가능에 가까운 일이다. 그렇다면 우리는 어떻게 해야 하는가? 바뀌지 않는 사람들을 어떻게 바꾸지 않고 서로에게 맞춰 살아갈 수 있을까? 어떻게 하면 자신과 잘 맞지 않는 사람들과 조화롭게 세상을 공유하며 살아갈 수 있는 걸까? 절대 바뀌지 않는 상대를 이해하기 위해서는 상대에 대한 지식을 쌓기보다는 상대는 바뀌지 않는다는 사실을 받아들이고 상대를 대하는 태도를 가져야 한다. 사람을 대할 때 필요한 것은 지식이 아니라 지혜라는 것을 깨달아야 한다.

성격 차이 때문에
이별한다고?

다른 성격을 이해하는 방법
....

유교 문화가 팽배하고 보수적이던 한국 사회도 더 이상 결혼 문화에 있어서 보수적이지 않은 것 같다. 아마도 결혼에 대한 다양한 가치관을 지닌 사람들의 수가 늘고 있다는 증거일 것이다. 해마다 늘어나는 이혼 가정의 수를 보면 참 안타깝다. TV에서도 유명인들의 이혼 소식을 심심치 않게 들을 수 있다. 그런데 이혼 사유를 보면 마치 다 같이 모여서 의논이라도 한 듯 비슷하다. 바로 성격 차이가 대부분의 이혼 사유라고 한다. 물론 이혼의 문제는 개인의 선택에 관련된 지극히 사적인 문제이기 때문에 옳고 그름을 이야기할 문제는 아니다. 그러나 가끔은 늘어나는 이혼율을 보면서 이 문제에 대해 고민해보곤 한다. 필자는 아직 미혼이라서 결혼이나 이혼에 관련된 문제를 자신 있게 이야기를 할 처지가 되는지는 잘 모르겠지만 성격 차이에 대한 문제는 비단 이혼 문제에 국한하여 이야기하지 않더라도 일상 생활 속에서 많이 경험하게 된다. 가족들끼리도 구성원마다 성격이 차이 나고 친구들 사이에서도 서로 다른 성격 때문에 많이 싸우기도 한다. 연인 사이나 부부 사이는 말할 것도 없을 것이다. 지금 이 책을 읽는 독자 분들 중에 혹시 이혼을 경험하신 분이 계시고 이번 질문에서 언급할 내용에 대하여 기분이 언짢으시다면 미리 죄송하다는 말씀을 드리고 싶다. 이번 소주제에서는 이혼에 대해서 언급하고 싶은 게 아니라 성격 차이라는 것에 대해 이야기해보고 서로의 다른 성격을 어떻게 이해하면 좋을지에 대해 이야기하고 싶은 것이니 오해 말아주시길 바란다.

모든 사람들은 각자 다른 환경에서 자라 다른 가치관을 가지고 살아간다. 그래서 모두 다른 성격을 가지고 있다. 그렇기 때문에 사람과 사람이 만나면 성격 차이가 나는 게 자연스러운 것이다. 그렇다면 문제는 차이 나는 성격이 아니라 차이 나는 성격을 받아들이는 자세나 태도에 있지 않을까 하고 조심스레 생각해본다. 그렇다면 자신과 다른 성격의 사람을 이해하는 방법에 어떤 것들이 있을까?

필자가 생각하는 가장 쉽고 본질적인 방법은 바로 상대방은 나와 다르다고 인정하는 것이다. 대개 성격 차이라고 하는 것은 그 차이의 기준을 자꾸 자신에게서 찾기 때문에 다른 사람의 말과 행동 즉, 성격이 이해되지 않는 것이다. '나라면 저렇게 하지 않을 텐데, 나라면 이렇게 할 텐데……' 식의 생각들 말이다. 상대방은 나와 완전히 다른 시스템을 가지고 움직이는 동물이다. 그렇기 때문에 자신의 경험과 기준에 비추어 판단하려 하면 한도 끝도 없다. 상대방이 이해되기는커녕 화만 더 날 뿐이다. 그렇기 때문에 애초에 상대방은 나와 같은 생각을 할 수 없다는 식의 포기와 인정이 오히려 상대방과 원만하게 지내는 지름길이 될 수 있다. 그런데 성격 차이라는 것이 꼭 부정적인 면만 가지고 있는가를 생각해보면 꼭 그렇지도 않다.

우리 인생살이가 재미있는 이유도 사람마다 모두 성격이 다르기 때문이다. 만약 이 세상에 자신과 같은 사람만 득실거린다고 생각해보라. 얼마나 재미없는 인생이겠는가. 그렇기 때문에 부정적으로 보면 성격 차이지만 긍정적으로 생각하면 개성의 다양함인 것이다.

공무원이 수염을 기르면 안 되나?

남의 시선을 의식하는 문화에서 다양성을 기대하기 어렵다

필자는 여행을 많이 하는 편은 아니다. 필자의 첫 해외여행이자 해외생활을 일본에서 잠시 한 적이 있는데 인상 깊은 기억으로 남아있다. 당시 일본에 가기 전 알고 있던 일본의 모습은 TV 여행 프로그램에서 봤던 모습이 전부였다. 처음 일본에 도착해서부터 모든 것들이 새롭고 신기하게 느껴졌던 기억이 난다. 마치 어린아이가 세상을 신기한 눈으로 쳐다보는 것과 같은 오묘한 경험이었다. 그곳에서 일 년 가까이 지내면서 개인적으로 놀랐던 경험 중 하나를 소개하고자 한다.

필자가 생활비를 충당하기 위해 한 음식점에서 일을 할 때였다. 가게가 도심에 위치했던지라 바쁜 직장인들이 많이 찾는 곳이었다. 일본에서는 샐러리맨이라고 부르는 남자들이 터질 것

같이 빵빵한 서류가방을 들고 다니는데 가끔 혼자 오는 손님도 있었다. 그런데 놀랐던 것은 일본에는 유독 수염을 기르거나 독특한 헤어스타일을 하는 아저씨들을 어렵지 않게 볼 수 있다는 것이었다. 처음에는 일본이라는 나라가 한국보다 더 보수적인 나라라고 생각했다. 그런 고정관념 때문인지 직장인들의 자유분방한 꾸밈에 적잖이 놀랐던 기억이 있다. 우리나라에서 식장인 남성이 수염을 기르거나 머리를 염색한 모습을 쉽게 상상할 수 있을까?

　방금 필자가 '상상할 수 있을까?' 하고 말한 것은 개성 있는 스타일의 직장인을 별로 본 기억이 없기 때문이다. 줄곧 한국에서 사는 동안 수염을 기른 은행원이나 머리를 노랗게 염색한 학교 남자 선생님, 귀걸이를 하고 있는 남자 직장인을 본 적이 없다. 물론 개인적 취향이 그렇다면 딱히 할 말은 없지만 대다수의 모습이 같다는 건 조금 이상하지 않은가? 친구들과 편의점에 가서 아이스크림만 골라도 전부 다 다른 아이스크림을 고르는데 말이다. 왜 유독 우리 사회는 개인의 개성을 인정하는 문화가 부족한지 아무리 생각해봐도 이해가 되질 않는다. 요즘처럼 '창의적인' 인재, '창의적인' 산업, '창의적인' 아이디어를 TV나 매스컴에서 끊임없이 강조하고 있는데 말이다. 요즘 기업은 창의적인 인재를 뽑기 위해 다양한 면접부터 교육까지 노력을 쏟는 데에 자원을 아끼지 않는다. 그런데 유독 우리 사회가 외모에

특히 엄격한 잣대를 들이대는 이유가 무엇일까?

　만약 직장에서 내일부터 수염을 길러도 되고 머리도 커트와 파마머리뿐만 아니라 여러 자신의 개성을 드러낼 수 있는 다양한 머리 모양으로 변화를 주어도 상관없다고 했을 때, 얼마나 많은 사람들이 변화를 시도할 것인가를 상상해보면 지금과 그다지 변화가 없을 것 같다는 생각이 든다. 왜냐하면 우리 사회에 남들과 달라 보이는 것에 대해 막연한 두려움이 있는 듯하기 때문이다. 남들과 다르게 행동하고 자신의 색깔을 표현하는 것에 대해서 인색한 사회적 환경에서 개인의 자유로움을 표현하는 것 자체가 큰 도전이니 말이다. 어쩌면 반쪽짜리 자유일지도 모르겠다. 물론 외모적인 표현만을 말하는 것은 아니다. 꼭 머리에 염색을 하고 수염을 기르고 귀걸이를 해야지 창의성이 샘솟는다거나 개성이 표현된다는 말을 하는 것 역시 아니다. 다만 특별한 이유가 없는 제약이나 개인의 개성을 존중해주지 못하는 암묵적 규제는 개인을 있는 그대로 표현하는 데 아무런 도움이 되지 못한다. 창의성의 기본은 개인을 있는 그대로 표현하고 받아들이는 데서 시작된다. 모두가 서로에게 눈치를 주지 않고 다른 사람의 눈치를 보지 않을 때 비로소 진정한 자유로움이 내적으로든 외적으로든 나타날 것이다.

축구의 오프사이드가
반칙인 진짜 이유?

반드시 지켜야 하는 도덕, 양심에 대하여

2002 한일 월드컵 이후 축구는 남녀노소를 가리지 않고 대중적인 스포츠가 되었다. 모든 스포츠가 그렇듯 처음에는 어려운 축구 용어 때문에 축구를 이해하는 데 어려움이 많았던 사람들도 이제 웬만한 축구 용어쯤은 대부분 알고 있을 것이다. 축구 경기를 보다보면 중계 캐스터나 해설가가 '오프사이드'라는 말을 하는 것을 자주 듣게 된다. 오프사이드란 공격 팀 선수가 상대편 진영에서 공보다 앞쪽에 있을 때 선수 본인과 골라인과의 중간에 상대팀 선수가 2명 이상 없으면 오프사이드 위치에 있으며, 거기서 후방의 자기편으로부터 패스를 받으면 반칙이 되는 경우를 가리키는 규칙이다. 오프사이드 라인은 일종의 페어플레이를 유지하기 위해 공격의 마지노선으로 정해놓

은 보이지 않는 선인 것이다. 하지만 엄밀히 말하면 거친 태클이나 공이 손에 닿는 핸들링처럼 축구라는 스포츠 규칙 자체에 위반되는 것이라기보다 대량 득점이나 대량 실점을 방지하고 경기의 긴장감을 유지하는 데에 그 목적이 있는 것이다.

우리는 흔히 스포츠 경기를 인생에 비유하곤 한다. 단순해 보이는 스포츠 경기의 규칙들 역시 우리의 삶에서 영향을 받은 경우가 많다. 현실에서는 오프사이드라고 부르는 규칙은 없다. 하지만 그 대신에 인간이 가지고 있는 여러 가지 능력들 중에 인간다운 생활을 유지하기 위한 오프사이드와 같은 일종의 마지노선의 센서가 인간의 내면에 내재되어 있다. 그것은 바로 '양심'이다. 만약 인간에게 양심이라는 것이 없다면 어떻게 될까? 인생을 축구 경기에 비유해 보도록 하자.

최전방 스트라이커가 주변 동료나 경기의 흐름 따위는 무시하고 그저 골만 많이 넣으면 된다는 생각에 골대 앞에 바로 붙어서 움직이지 않고 있다면 그 경기는 제대로 흘러갈 수 있을까? 제대로 된 경기를 진행하는 것조차 어려울 것이다. 90분이라는 짧은 시간의 축구 경기에도 여러 가지 규칙이 있는데 수십 년의 인생이라는 경기는 오죽하겠는가. 현대사회 대부분은 법률이라는 약속된 체계 아래에서 유지된다. 축구에서 규칙 외에 선수들의 페어플레이라는 스포츠 정신이 요구되는 것처럼 인간에게도 수많은 법률과 질서를 유지하기 위한 시스템이 있음에도 불구하고 인간의 양심적 사고와 행동이 요구된다.

인간의 양심이라는 마지막 제어 수단은 인간을 인간답게 만들어주는 최소한의 역할을 한다. 현대사회에서 법과 양심은 경우에 따라서는 시소처럼 어느 한쪽이 올라가면 반대편이 내려가는 성질을 가지고 있는 것 같다. 어떤 일에 대한 반성의 잣대를 인간의 양심이 아닌 법으로 먼저 적용할 때가 그렇다. 모든 일의 일차적인 판단 기준이 자신의 양심이 아닌 법이 되는 순간 양심에 의해 자신의 잘못된 부분을 개선하기 위한 노력을 소홀히 할 가능성이 생기는 것이다. 왜냐하면 자신의 행동에 대한 판단을 양심에 따라 스스로 하는 것보다 법의 잣대에 맡겨버리는 편이 손쉽다고 생각하기 때문이다. 점점 세상이 삭막해져가고 예상치 못한 부정적인 사건, 사고들이 일어남에 따라 점점 더 인간의 양심에 기대하기보다는 강압적이고 강제적인 법으로 인간 사회의 질서를 유지하려 하는 경향 또한 점점 더 짙어지는 것 같다. 양심에 의해 사람들의 사고와 행동을 개선하는 것보다 법으로 제재하는 편이 훨씬 더 빠르다고 생각하기 때문이다. 참 안타까운 현실이다.

법이라는 것은 문서를 통해 법제화되어 이를 어기는 모든 사람을 동일한 기준에 의하여 처벌하게끔 강제성을 갖고 있기 때문에 어쩌면 단기적으로는 선과 악을 구분하고 사회의 질서를 유지하는 더 효율적인 것처럼 보일 것이다. 하지만 인간은 어디까지나 살아있는 생명이다. 그런 의미에서 양심은 법보다 생동감이 있고 법이 하지 못하는 일들을 할 수 있다. 법은 사후의 보복만을 맡을 뿐이지만 양심은 사전의 예방을 맡으니 말이다. 때문에 양심보다 법의 그늘에서 모든 것을 해석하고 이용하려고 하면 세상은 더욱더 각박해질 것이다.

각자 자신의 최소한의 양심은 챙겨야 하지 않을까? 축구 경기에서 심판이 오프사이드를 못 볼 수도 있는 것처럼 법이 보지 않는 곳에서도 인간의 양심이 빈틈없이 작동해야 우리는 최소한의 인간으로서 삶을 유지해 나가고 그 삶을 아름답다고 말할 수 있을 것이다.

아침 6시에 일어나는 것이
부지런한 것과 무슨 상관인가?

자기에게 맞는 생활방식을 찾아라

몇 해 전에 '아침형 인간'이라는 단어가 유행처럼 번지던 때가 있었다. 그런데 알고 보면 사실 아침형 인간을 외치기 전부터 우리나라에는 어른들이 아이들에게 주문처럼 반복하는 '새 나라의 어린이는 일찍 자고 일찍 일어난다'는 말이 있었다. 필자가 주문이라고 말하는 이유는 정말이지 어렸을 때 너무 많이 들었던 말이기 때문이다. 부지런한 사람은 '일찍 자고 일찍 일어나는 사람'이라고 절대 진리처럼 배웠다. 어렸을 때는 이건 '새 나라'에 사는 '어린이'나 그렇게 하는 것인 줄 알았다. 필자는 4,000년의 유구한 역사를 지닌 대한민국에 사는 어른이다. 그럼에도 불구하고 세상은 아직도 필자에게 새 나라의 어린이가 되기를 바라는 것 같다. '아침형 인간'이라는 말이 유행할 때

조금이라도 늦게 일어나면 한껏 죄를 지은 듯한 느낌마저 들곤 했다.

우리는 왜 이토록 '아침'에 집착하는 것일까? 이쯤에서 국어사전의 '부지런하다'라는 단어의 정의를 살펴보도록 하자. '부지런하다'의 사전적 정의는 '어떤 일을 꾸물거리거나 미루지 않고 꾸준하게 열심히 하는 태도가 있다'는 의미의 형용사이다. 그 어디에도 '아침 일찍 일어나야……'라는 설명은 찾아보기 어렵다. 필자는 글을 쓸 때 새벽 3시에 잠들어 아침 8시 30분에 일어

없어 아무건도……
나 너무 일찍 일어난 거니?

200
Question 5

난다. 하루 일과를 마치고 글을 쓰는 습관 때문인지 몰라도 늦게 자는 게 일상이 되어버렸다. 저마다 자신의 삶에 맞는 생활 패턴이라는 것이 엄연히 존재한다. 필자에게 글쓰기 가장 좋은 시간대는 밤이기 때문에 본의 아니게 늦은 시간에 잠을 자곤 한다. 현대사회는 불과 30년 전 산업사회와 비교했을 때 확실히 다양한 삶의 패턴이 생겨났다.

우리는 많은 사람들의 다양한 부지런함을 인정해야 한다. 그렇지 않으면 필자처럼 새벽 3시에 자서 아침 8시 30분에 일어나는 사람은 밤 12시에 자서 아침 6시에 일어나는 사람보다 게으른 사람 취급을 받는다. 단순히 산술적으로는 필자가 30분 덜 자는 것인데도 불구하고 말이다. 이 얼마나 억울한 경우인가. 만약 아침 일찍 논을 매고 밭을 갈던 농경 중심 사회나 기계를 돌려 생산물을 얻어야 했던 산업 중심 사회였다면 아침형 인간의 삶이 적합하다는 의견에 동의했을 것이다. 왜냐면 아침에 빨리 일어나야 남들보다 더 많은 일을 하고, 많이 움직여야 잘 살수밖에 없는 사회 구조였기 때문이다. 하지만 지금이 어느 시대인가? 크리에이티브, 창의, 창조, 혁신이라는 말이 난무하는 세상이다. 새벽같이 냅다 일찍 일어난다고 무조건 잘살 수 있는 세상이 아니란 말이다. 그래서 필자는 감히 이젠 '부지런함'의 정의가 바뀌어야 한다고 생각한다. 사람들의 생활이 점차 다양해지고 직업의 종류가 예전과는 비교할 수 없을 정도로 많아졌기 때문이다. 그렇다고 마냥 늦잠자고 게으르게 사는 삶에 면죄부를 주고자 하는 것은 아니다. 다만 자신의 삶이 부지런한지 아닌지를 남의 기준이 아닌 자신의 기준으로 판단해야 한다고 생각한다.

'아침에 일찍 일어난다'는 단순한 잣대로 스스로 부지런하게 살고 있다고 착각하고 있는 건 아닌지 혹은 남들이 맞춰놓은 기준에 따라가기 위해 쓸데없이 자기만의 삶의 방식을 해치고 있는 건 아닌지 생각해보자. 아침에 일찍 일어나는 것이 아닌 진짜 부지런한 삶이 무엇인지 고민해야 할 때다.

아빠, 엄마가 직업이
될 수 없는 이유?

아빠와 엄마는 평생직장이다

한참 전 필자가 어렸을 때만 해도 학교에서 나눠준 서류에 아빠와 엄마의 직업을 적는 일이 종종 있었던 것 같다. 요즘에는 이러한 것들이 학생을 대하는 데 차별을 일으킬 수 있는 불필요한 정보라고 여겨져서 부모님의 직업을 물어보는 것을 경솔한 행동이라고 생각하는 추세다. 물론 맞는 말이다. 개인적으로 부모님의 직업에 대해서 새로운 생각을 갖게 되었다. 요즘에는 맞벌이하는 가정이 많아 졌지만 여전히 부모 중 한 명이 가사를 돌보고 아이들을 하루 종일 돌보는 가정도 많다. 우리나라에서는 이를 흔히 '전업주부'라는 용어를 사용한다.

언젠가 우연히 경제활동을 하는 어머니, '워킹맘'을 주제로 다룬 해외 다큐멘터리를 본 적이 있다. 그 다큐멘터리에서 한 인터뷰 내용 중 개인적으로 충격 받은 내용이 있는데 바로 집에서 가사를 담당하는 '전업주부'라는 단어가 그 나라에는 없다는 것이었다. 모든 언어에서 단어라는 것은 어떤 개념을 표현하기 위해 만들어진다. 즉 개념이 먼저고 그 개념을 지칭하는 단어가 그 다음이다. 전업주부라는 말이 없다는 것은 전업주부라는 개념 자체가 아예 없다는 것이다. 이것을 물론 문화의 차이라고 단순히 생각할 수도 있지만 필자는 좀 다르게 보고 있다. 단어가 생각을 지배하는 경우도 있다. 다시 말해, 전업주부라는 단어가 마치 하나의 직업처럼 여겨진다는 것이다. 만약 전업주부를 여러 직업 중 하나의 개념으로 본다면 너무 지나친 생각일까? 이번 주제에서는 이른바 가사와 육아에 전념하는 전업주부로 불리는 이 세상의 아버지, 어머니들에 대한 이야기를 나눠보고 싶다.

지금 와서 생각해보면 이제까지 우리 사회에서 아빠는 대부분 직업이라는 것이 있었다. 그러나 엄마의 직업을 물어보는 질문에 우리는 어떻게 대답했는가? 전업주부라고 말하면 그나마 다행이다. 보통 무의식적으로 "그냥 집에 계시는데요."라고 대답하는 경우도 있다. 세상에 그냥 집에 있는 사람은 없다. 존재의 이유가 있는 법이다. 왜 우리는 집에서 고생하시는 어머니 혹은 아버지를 '그냥 집에 있는 존재'로 생각했던 걸까? 앞서 말했다시피 말은 생각을 지배한다. 우리가 집에서 고생하시는 부모님을 그냥 집에 계시는 존재라고 말하고 그렇게 생각하다 보면 자신만의 방법으로 가정을 지키는 역할을 무시하는 것이 된다. 물론 전업주부를 한다고 해서 누군가로부터 급여를 받는 것은 아니다. 그렇다고 해서 이러한 활동들을 비경제활동이라고 보기엔 어렵다. 우리는 꼭 돈을 벌어야 직업이라고 착각하는 경향이 있다. 직업에 대해서 조금은 폭넓게 이해할 수 있다면 이 세상 보이지 않는 곳에서 묵묵히 집안을 돌보시느라 고생하시는 전국의 아버지, 어머니를 응원하는 일에 절대로 소홀히 할 수 없다.

부모님의 내리사랑······

고정관념을 깨는 질문을 하라

세상의 모든 역할을 단순히 돈의 문제로만 생각해서는 안 된다. 모든 아버지, 어머니의 역할은 분명 돈으로 환산할 수 없는 일들이다. 하나의 인간을 키우고 돌보는 일을 어떻게 회사 책상 앞에 앉아 컴퓨터를 두드리는 일과 비교할 수 있을까? 만약에 아버지라는 역할을, 어머니라는 역할을 직업과 연결할 수 없는 이유를 또 하나 찾는다면 바로 은퇴라는 개념이 없는 '평생 직장'이라는 데에 있다. 아무리 힘들어도 그만둘 수 없는 평생 직장이라……. 그들의 노고가 어떨지 많은 생각을 하게 해준다.

이 세상 모든 아버지, 어머니들에게 진심을 담아 응원을 보낸다.

땀 흘리고 힘들어야
열심히 하는 것이다?

열심히 한다는 것에 대한 착각

'열심히 하라'는 이야기는 어릴 적부터 귀에 딱지가 앉을 정도로 많이 들어 왔다. 하지만 '열심히 하라'는 말 하나만 가지고는 무엇을, 어떻게 열심히 하라는 것인지 알 수 없다. 무언가를 열심히 한다는 것의 정의는 뭘까?

시대에 따라 다르게 해석해볼 필요가 있다. 예전 농경사회나 산업사회에서는 '무언가를 열심히 한다'는 개념이 쉬운 편이었다. 아침 일찍 해 뜨기 전에 첫술을 뜨고 나가서, 해가 질 때까지 열심히 농사를 짓거나 기계를 돌렸다. 매일매일 육체적인 노동을 하지 않으면 그날의 양식을 얻기 어려웠고, 많은 것을 자급자족하는 사회였다. 그래서 우리가 생각하는 '무언가 열심히 한다'라는 것에 대한 이미지는 바쁘게 움직이는 손과 이마에 땀

흘리는 모습이었다. 그리고 일하는 사람도 자신이 손에 흙먼지를 묻혀가면서 땀을 흘림에 따라 '내가 열심히 일하고 있구나' 하는 뿌듯함을 느꼈다. 쉽게 말해 열심히 하는 게 눈으로 확인되고 몸으로 느낄 수 있는 시대였다.

그런데 요즘은 어떠한가? 현대사회에서 무언가 열심히 한다는 것에 대한 증거는 어떤 것일까? 이는 해석의 기준을 어디에 두느냐에 따라 다른데 자본주의 사회에서는 돈을 많이 버는 게 일을 열심히 하는 것이라고 생각할 수 있다. 그렇다면 연봉이 4,000만 원인 사람이 연봉이 2,000만 원인 사람보다 일 년에 정확히 두 배로 일을 하고 두 배로 열심히 사는 것일까? 이러한 해석은 그다지 합리적이지 못한 것 같다. 그렇다면 누군가가 "열심히 해!"라고 하거나 "열심히 할게요."라고 말하는 것은 어떻게 설명할 수 있을까?

답을 내놓기 전에 학교 다닐 때 기억을 떠올려보면 쉽게 알 수 있다. 학생을 하나의 직업으로 봤을 때 학생의 일은 공부하는 것이다. 그렇다면 '열심히 공부한다'의 기준은 무엇인가? 책상에 오래 앉아있는 것일까? 문제집의 문제를 많이 푸는 것일까? 책가방에 책을 많이 넣고 다니는 것일까? 어떤 명확한 한 가지의 기준으로 이야기하기는 어렵다. 그러면 결과 중심적인 잣대로 시험 성적이 좋은 학생이 열심히 하는 것일까? 만약 열심히 공부했지만 성적이 기대보다 좋지 않은 경우엔 속상한 일이 아닐 수 없다. 점수를 못 얻었다고 그 학생이 공부했던 시간들이 무효가 되는 것은 아니다. 그가 시험을 보기까지, 열심히 공부했을 것 아닌가? 다시 질문으로 돌아오면 '열심히 한다'라는 것은 결과에 대한 표현이라기보다 과정에 대한 표현에 가깝다. 하는 일의 본질에 대해서 얼마나 고민하며 살아가고 있느냐의 문제이다.

물론 직업 종류에 따라 그 기준이 천차만별이겠지만 창의적 인재, 혁신적 아이디어들을 외쳐대고 있는 사회에서 그저 예전의 사고방식으로 물리적으로 일하는 것만이 열심히 일하는 것은 아닐 것이다. 단순히 이마에 맺힌 땀방울의 개수로 열심히 사는 삶을 표현하기엔 삶은 생각보다 복잡하다.

고정관념을 깨는 질문을 하라

실패는 성공의 어머니이다,
그럼 성공의 아버지는 누구인가?

끈기의 중요성

사람들은 속담이나 명언을 참 좋아한다. 아주 오래전부터 전해 내려오는 속담이나 명언 속에는 어떤 진리나 감동이 숨어 있기 때문일 것이다. 명언 중에 '실패는 성공의 어머니'라는 말이 있다. 누구나 한 번쯤은 들어본 적이 있을 것이다. 실패라는 어머니가 성공이라는 자식을 낳는다는 말인데 이 짧은 문장이 담고 있는 인생의 철학은 두고두고 되뇌어도 모자람 없는 훌륭한 말인 듯하다. 그런데 어느 날 필자 특유의 엉뚱함이 툭 하고 튀어나왔다. 어머니가 있으면 아버지도 있을 것 아니겠는가? 그럼, 이 명언을 만든 누군가가 성공의 아버지에 대해서도 분명 만들어 놓았을 텐데, 성공의 아버지에 대한 명언을 들어본 기억은 없었다. 물론 필자가 모르는 것일 수도 있겠지만 '성공의 아버

지'를 찾기 위해 고민한 적이 있었다. 실패와 어떤 것이 결합되어야 성공이 나올 수 있을까를 고민하고 또 고민한 결과 필자는 나름의 답을 찾았다. 바로 '끈기'가 아닐까 생각해봤다. 우리는 삶을 살면서 아주 다양한 도전을 하고 그에 대한 실패를 한다. 세상에는 정말 다양한 실패라는 어머니가 존재한다. 그런데 실패를 한 번 했다고 해서 거기서 멈추면 성공으로 가는 길 역시 거기서 멈출 수밖에 없다. 그렇기 때문에 실패를 몇 번을 하든지 계속해서 도전하고 부딪쳐 보아야 한다. 성공할 때까지 끈기를 가지고 도전하면 언젠가는 성공하는 날이 반드시 올 것이기 때문이다.

어느 인디언의 기우제에 대한 이야기를 봐도 끈기가 얼마나 중요한지 알 수 있다. 인디언들은 기우제를 지내기만 하면 100% 비가 내린다고 한다. 어떻게 그게 가능했던 것일까? 그 비결은 바로 비가 내릴 때까지 기우제를 지낸다는 데에 있었다. 조금은 허무한 비결이었지만 따지고 보면 성공을 위한 절대적 진리는 생각보다 간단한지도 모른다. 목표를 이룰 때까지 도전하다 보면 이전까지는 실패였던 것들을 성공하는 순간 더 이상 실패라고 부르지 않게 된다. 우리들은 그걸 성공하기 위한 과정이었다고 기억하게 된다.

끈기 있게 실패하다 보면 언젠가 반드시 성공을 만나는 날이 올 것이다.

태어나야 할 이유가 있어서
태어난 사람이 있을까?

살아갈 이유를 만들어가는 게 인생이다

누구나 학창시절을 보내면서 "나는 무엇 때문에 살아야 하는가?"라는 고민을 하기 시작한다. 이것은 생각을 하는 인간으로서 당연한 질문이다. 그리고 이런 질문을 고민한다는 것이 아마도 진짜 어른이 되는 출발점이 아닐까 하고 생각한다. 필자 역시 이 고민을 10년 넘게 해왔지만 아직도 답이 헷갈릴 때가 있다. 어제 찾은 답이 오늘 생각해보면 아닌 것 같다는 생각이 들고 오늘 찾은 답이 내일도 유효할까 생각해보면 다시 원점으로 돌아가곤 한다. 도대체 무엇이 이 짧고 간단한 질문에 답하는 데 어렵게 만드는 것일까?

우리 주변에 있는 어른들 중에 자신이 왜 살아가야 하는지, 이 땅에 태어난 이유에 대한 확실하고 명쾌한 답을 갖고 있는 사람이 생각보다 별로 없는 것 같다. 그 이유야 먹고살기가 바빠서일 수도 있고 질문 자체가 너무 광범위해서 고민하는 것 자체를 골치 아프게 여겨서일 수도 있다. 필자 역시 이 어려운 질문에 대한 답을 찾기 위해 나름의 노력을 하다가 내린 결론이 있다. 만약 필자의 결론이 독자 여러분들의 '자신이 왜 이 세상에 태어났으며 왜 살아가고 있는지'에 대한 고민의 무게를 조금이라도 더는 데 도움이 된다면 좋을 것 같다.

자, 우리 기억의 태엽을 돌려서 엄마 뱃속에서 나올 때를 떠올려 보자. 잘 떠오르지 않는가? 이 세상에 첫발을 내딛는 순간은 기억나지 않는 게 정상이다. 그렇다면 한번 상상이라도 해보자. 우리는 대략 열 달이라는 시간 동안 엄마의 뱃속에 있다가 태어난다. 여기서 말의 꼬투리를 조금만 잡아보겠다. 정확히 말하면 아기는 태어나는 게 아니라 '태어나지는' 거다. 여기서 의학적인 논리는 배제하고 머리로만 이해해보도록 하자. 이 세상에 어떤 아기도 자신의 의지에 따라 태어나는 아기는 없다. 부모님의 사랑의 결과물로 우리는 만들어졌고 충분한 시간과 사랑을 받은 후에 세상 밖으로 태어나지는 것이다. 미안한 말이기는 하지만 세상에 금방 태어난 아기들 중 자신이 태어난 이유를 명확히 가지고 태어나는 아기가 있을까? 정리해서 말하면 '우리가 이 세상에 태어나는 이유는 없다'는 것이다. 우리는 아무런 목적도, 아무런 이유도 없이 이 세상에 첫발을 내딛는다. 그런 다음에 성장하면서 친구들을 만나고, 학교에 다니고, 공부를 하고 또 여기저기 다니면서 자신의 삶의 목적을 찾아가는 것이다. 즉 우리의 인생이란 아이러니하게도 자신이 살아가야 하는 이유를 찾는 하나의 과정인 것이다. 그렇기 때문에 우리는 성장기 때 정서적 사춘기를 겪으며 자신은 누구이고 앞으로 어떻게 살아야 할시에 대해 고민하고 방황하는 것이다. 물론 이른이 되어서도 마찬가지다. 30대, 40대가 훨씬 지나서도 자신이 왜 살아야 하는지에 대한 질문을 던지고 고민하는 게 전혀 이상하지 않다. 어쩌면 우리는 인생을 사는 평생 동안 방황을 해야 할지도 모른다. 그런데 '방황'이라는 말을 너무 부정적으로 바라볼 필요는 없다. 방황을 한다는 건 어쩌면 인생을 잘 살아가고 있다는 하나의 증거가 아닐까?

나는 이 세상 모든 사람들이 자신만의 방황을 마음껏 즐기며, 살아갈 이유를 찾을 수 있으면 좋겠다. 인간은 방황하기 위해 태어난 것일지도 모르니까.

왜 남의 떡은
항상 커 보일까?

떡의 크기와 행복은 비례하지 않는다

어릴 적부터 우리는 종종 다른 사람과 나 자신을 비교하고는 했다. 학교 다닐 때는 친구와 자신의 시험점수와 등수를 비교하고 취업을 할 때는 친구와 자신의 연봉을 비교한다. 차를 살 때는 자신의 차와 친구의 차의 크기를 비교하고 결혼할 때는 집의 평수와 가격을 비교한다. 아니, 정확히 말하면 비교한다기보다 서로의 눈치를 본다. 자신을 주변 사람들과 비교했을 때 밀리고 싶지 않은 것은 자연에서 생존하고 더 나은 상대와 짝짓기를 격정하던 때부터 줄곧 이어져 온 본능인지도 모르겠다. 그런데 이렇게 자신과 남을 비교하는 습관에는 놀라운 사실이 존재한다. 바로 세상에서 자신이 남과 비교당하는 것을 좋아하는 사람은 없다는 것이다. 얼마나 이상한 일인가. 뭐든지 비교하는 것을 좋아하는 사람들이 정작 자신이 남과 비교되는 것은 굉장히 싫어한다는 모순을 어떻게 이해할 수 있을까.

인생의 궁극적 목표는 좋은 직장에 취직하는 것도 돈을 많이 버는 것도 넓은 집에 사는 것도 아니다. 바로 행복하게 살아가는 것이다. 그렇다면 기왕에 비교할 거면, 자신의 행복과 다른 사람의 행복을 비교하는 편이 건강하고 합리적이지 않을까? 지금 자신의 휴대전화 연락처 목록에 있는 사람들 중에서 자신이 몇 번째로 행복한 사람일지 잠시 생각해보는 시간을 가져보자. 사람은 모두 똑같다. 내가 누군가를 부러워한다면, 분명 자기 자신을 부러워하는 사람도 있을 것이다. '남의 떡이 커 보인다'라는 말이 있다. 자신이 가진 떡과 다른 사람이 가진 떡을 비교하는 것이 얼마나 무의미한 일인지 깨달을 필요가 있다. 우리가 정말 궁금해해야 할 것은 자신의 떡을 먹었을 때 얼마나 맛있고 행복한지이다. 그러기 위해서 자신이 무엇을 좋아하는지 어떤 삶을 살고 싶은지에 대해서 고민해보아야 한다. 항상 무언가에 쫓기듯 살고 자신보다 조금이라도 나은 환경에 있는 사람들의 삶만 부러워하다보면 자신의 삶이 불행하다고 생각할 수밖에 없다. 물론 여기서 '나은 환경'이라는 것도 자신의 기준에서 그렇다는 말이다.

이젠 비교의 대상을 좀 바꿔보면 어떨까? 인생의 궁극적인 목표인 '행복하게 사는 것'으로 말이다. 물론 여기서 말하는 행복 역시 자신의 행복을 말하는 것이다. 앞으로 우리가 비교해야 할 떡은 어제 자신이 갖고 있던 '행복'이라는 떡뿐이라는 것을 깨달아야 한다. 그리고 오늘 우리가 해야 할 일은 그 행복이라는 떡을 더 크고 예쁘게 빚는 일이다.

그럼 난 예쁜 하트 떡을 만들어야지.
근데 넘 힘드네……

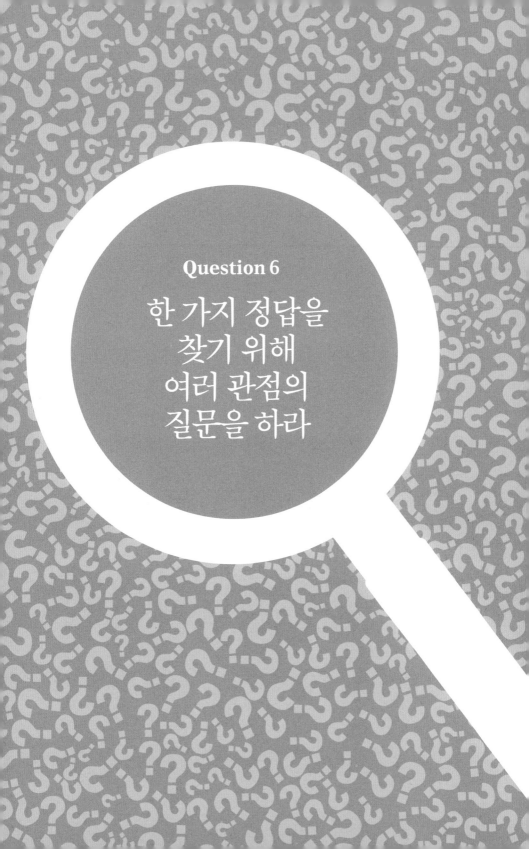

Question 6

한 가지 정답을
찾기 위해
여러 관점의
질문을 하라

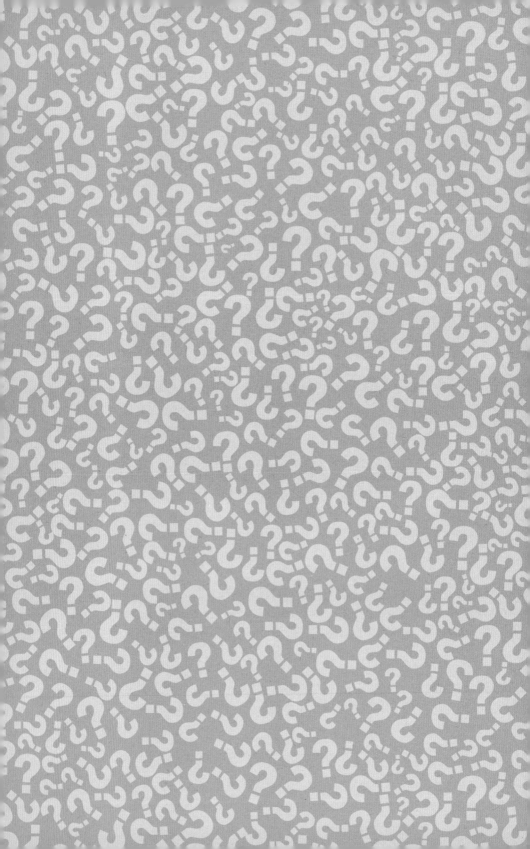

영화표 값이 대부분 비슷한 이유?

가치와 가격의 상관관계

최근에 영화를 본 기억을 떠올려 보자. 바쁜 일상을 살아가는 현대인들이 즐길 수 있는 문화 중에 가장 대표적인 것이 아마도 '영화 관람'일 것이다. 필자도 한 달에 한두 편은 보는 편이다. 다들 알겠지만 같은 영화라 할지라도 요일에 따라, 하루 중에도 시간대에 따라, 가격이 차이가 난다. 그러한 가격 정책을 펴는 데는 영화관마다 여러 이유가 있을 것이다. 시장의 재화와 서비스 중 동일한 품질일지라도 경우에 따라 가격이 다른 것은 비단 영화뿐만이 아니다.

그런데 가끔 그런 생각을 하곤 한다. 시간대별로 영화표의 가격이 다른 것은 이해할 수 있지만 극장에서 상영하는 대부분의 영화 가격이 비슷한 이유는 무엇 때문일까? 이 질문에서는 독

한 가지 정답을 찾기 위해 여러 관점의 질문을 하라

립영화나 3D영화 등 특수한 영화가 아닌 일반 2D 상업영화를 말하는 것이다. 예를 들어, A라는 멜로 영화가 제작비가 100억 정도가 들고, B라는 영화는 스케일이 훨씬 큰 블록버스터 영화였던 터라 제작비가 500억 정도 들었다면 단순히 산술적인 계산으로 A영화표의 가격보다 B영화표의 가격이 5배 정도 비싸야 한다. 물론 이러한 가정에서 제작비 이외의 비용은 모두 동일하다고 치자. 그러나 대충 봐도 알겠지만 영화표의 가격 차이가 2배 이상 넘어가는 경우는 거의 없다. 왜 그런 것인지 필자도 정확히는 모르겠으나 일반적인 상품 거래에 대한 계산법으로는 이해가 되지 않는다. 필자가 위와 같이 추론한 논리에는 어떤 전제가 깔려 있는 것일까? 자본주의 사회를 살고 있는 사람들은 보통 어떤 상품의 가격이 반드시 해당 상품이 가지고 있는 가치와 비례한다는 생각을 무의식 속에 갖고 있다. 쉽게 말해 가격이 2배 비싸면 가치도 2배 더 높다고 생각한다는 말이다. 약간의 말장난처럼 들릴 수도 있겠지만 '상품의 가치가 2배 차이가 나서 가격이 2배 차이가 난다'는 논리와 '가격이 2배 차이나니까 당연히 상품의 가치도 2배 차이'라는 논리 사이에는 전혀 연관성이 없는 것이다.

그렇다면 다시 영화 이야기로 돌아와서, 영화의 가치는 어떻게 매길 수 있을까? 그리고 영화 티켓의 가격에는 영화의 가치가 얼마나 반영되어 있을까? 예술의 가치를 자본주의 사회의 해석 방식대로 가격(돈)으로 환산할 수 있을까? 예술 상품인 영화도 하나의 상품으로서 가격이 측정되어야 소비자가 구매를 할 수 있기 때문에 어쩔 수 없이 가격을 측정하긴 해야 한다.

영화를 즐겨보는 소비자 입장에서 영화표의 값이 서로 많이 차이 나지 않는 것이 한편으로는 고맙게 느껴지기도 한다. 하지만 모든 것을 돈으로 값을 매기는 게 당연시되는 사회에서 가끔은 상품의 본연의 가치와 시장가격의 상관관계에 얼마나 많은 연관성이 있는지 그리고 그것이 얼마나 논리적이고 합리적인지에 대해 의문을 가져보는 것은 중요하다. 그런 질문이 자본주의 소비의 주체로서 자신의 소비를 되돌아 볼 수 있는 좋은 기회를 제공하기 때문이다.

길에서 나와 똑같은 옷이나 신발을
착용한 사람을 보면 창피한 이유?

남과 다르고 싶은 심리
....

세상에는 모든 사람들이 한 번쯤은 경험해봤을 에피소드가 몇 가지 있다고 생각한다. 그중에 하나가 바로 길에서 자신과 똑같은 옷을 입거나 신발을 신은 사람과 마주치는 경우이다.

최근에 필자가 지하철을 탔을 때의 일이다. 맞은편에 젊은 승객 2명이 나란히 앉아 있었는데 분위기를 보아 하니 친구나 아는 사이는 아닌 듯해 보였다. 평소 같았으면 자리에 앉아서 책을 보았을 텐데 그날은 목적지까지 가는 내내 이상하게 두 사람에게 계속해서 시선을 빼앗겼다. 무언가가 계속해서 신경 쓰였기 때문이다. 바로 두 사람의 신발이었다. 두 사람의 신발은 같은 브랜드의 캔버스화로 같은 모델일 뿐 아니라 색상도 남색으로 똑같았다. 자세히 보니 신발 끈도 하얀색 끈인데 넣는 방향도 같았고 매듭을 묶는 법도 같았다. 거기에 두 사람이 다리도 같은 방향으로 꼬고 있어서 더 재밌는 광경이 연출되었다. 필자도 같은 옷을 입은 사람과 같은 공간에 있었던 경험을 겪어봤기에, 추측하건데 두 사람은 서로 말은 하지 않았지만 아마도 얼른 자리를 피하고 싶었을 것으로 생각된다. 하지만 달리고 있는 지하철 안에서 어디로 피하겠는가.

사실 이런 경험은 누구에게나 있는 경험이다. 밖에서 같은 디자인에 같은 색상의 옷을 입은 사람을 보거나 친구와 만나기로 했는데 우연히 친구와 입은 옷이 똑같을 때, 창피하고 얼른 다른 옷으로 갈아입고 싶은 기분이 드는 이유는 무엇일까? 인간은 기본적으로 무리를 이루어 살고 혼자서는 살아가기 어려운 동물이다. 그러나 다른 사람과 어울려 살고자 하는 본능과 동시에 다른 사람과 달라 보이고 싶은 욕구 또한 존재한다. 그것을 우리는 흔히 '개성'이라고 표현한다. 남들과 똑같은 모습을 하고 살아본 경험은 대부분 가지고 있다. 바로 학창시절 교복이 좋은 예이다. 필자가 중·고등학교를 다닐 때도 그랬고 지금 역시 대부분의 학생들은 교복을 입는다. 만약 이 글을 읽고 있는 독자가 중·고등학생이 아니라면 예전 기억을 떠올려 보자. 되돌아보면 교복을 입고 다니던 시간이 딱히 유쾌하게 느껴졌던 사람은 별로 없을 것이다. 그렇다고 교복을 입는 게 싫었던 것은 아니지만 자유롭게 자신의 멋을 뽐낼 수 있는 사복을 더 선호했

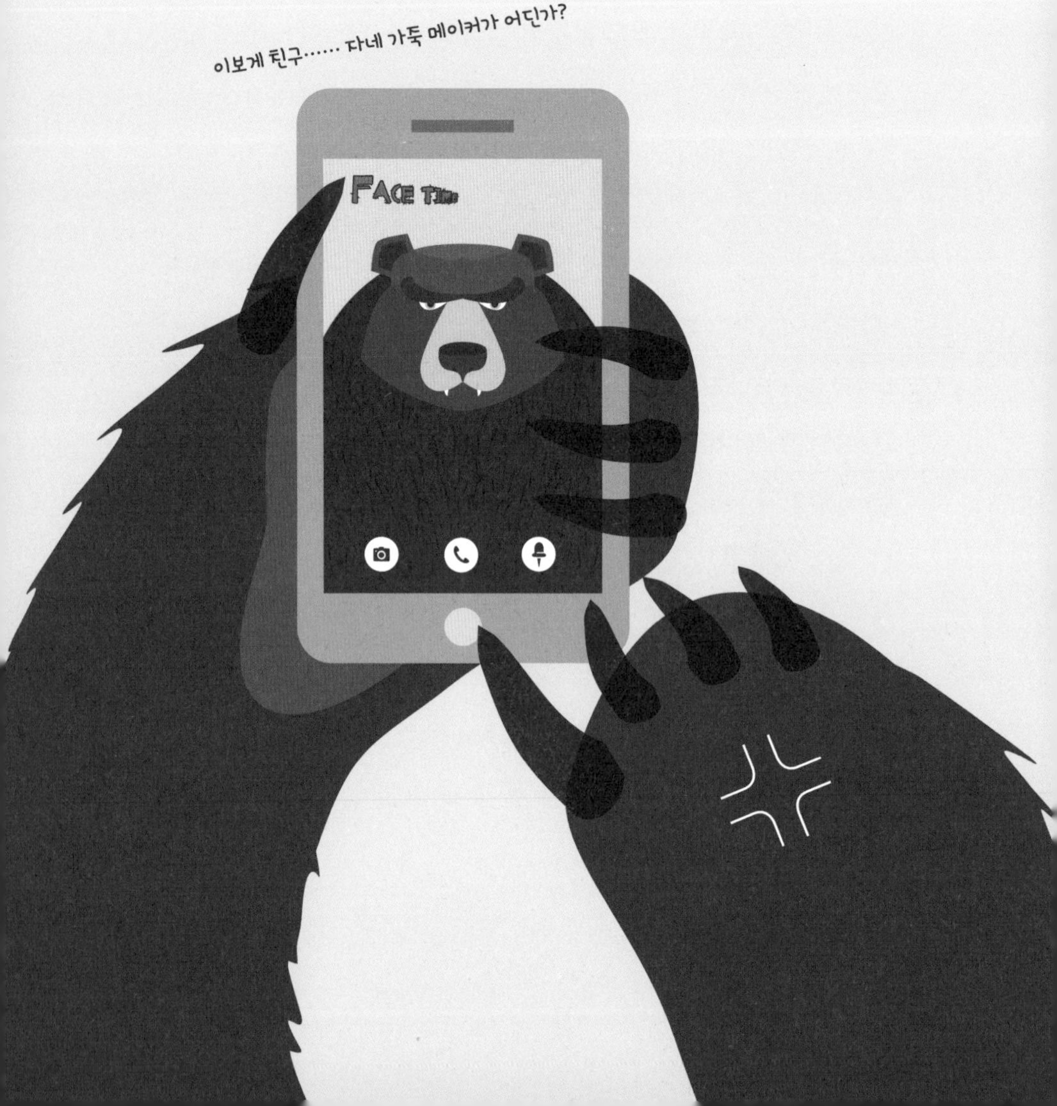
이보게 친구…… 자네 가죽 메이커가 어딘가?
FACE TIME

을 것이다.

왜 우리는 자신이 다른 사람과 다르게 보이기를 원하는 걸까? 이것을 여러 학문이나 관점에 따라 해석할 수 있겠지만 이것 역시 인간의 본능이 아닐까 생각해본다. 그렇다면 남들과 다르고 싶다는 본능이 의미하는 궁극적인 의미는 무엇일까? 바로 '자신의 고유한 모습을 인정받고 싶은 것'이라고 생각한다. 사실 모든 사람은 특별히 노력하지 않아도 다른 사람과 다를 수밖에 없다. 자신과 똑같은 사람은 있을 수 없다. 인간은 이러한 다름을 본능적으로 표현하고 싶어 하는 것이다. 그렇다면 우리는 좀 더 올바른 방법으로 남과 다른 자신을 표현하기 위해 노력해야 한다. 자신의 다름을 표현하기 위한 첫 번째 단계는 스스로에 대해 계속해서 관심을 가지고 관찰해야 한다는 것이다. 그렇게 발견한 자신만의 아름다움을 표현하는 과정이야말로 자신의 본질을 깨닫는 과정이며, 이를 통해 사회의 구성원으로서 하나의 다른 빛을 낼 수 있는 것이다. 그리고 언젠가는 세상에서 하나밖에 없는 매력을 입고 있는 사람이 되어 있을 것이다.

동양의 지도와 서양의 지도가
다른 이유는?

세상을 자기 중심으로 해석한다

동서고금을 막론하고 사람들은 자신이 가보지 않은 영역에 대한 호기심이 대단하다. 목숨을 걸고 새로운 대륙을 찾고, 새로운 환경에서 적응하고자 끊임없이 노력한 역사가 증명해준다. 이제는 지구가 둥글다는 것도 알고, 세계지도를 보면 어디에 무엇이 있는지도 알고, TV나 인터넷을 통해서 쉽게 갈 수 없는 장소에 대한 정보들도 손쉽게 접할 수 있는데도 여전히 많은 사람들이 자신의 발이 닿지 않았던 곳에 대한 호기심과 동경을 가지고 있다.

언젠가 요즘 대학생들의 버킷리스트 중 하나가 세계여행이라고 하는 이야기를 들었던 적이 있다. 딱히 여행을 좋아하지 않는 사람이라 할지라도 누구나 한 번쯤은 막연히 세계여행에 대한 로망을 꿈꿔본 적이 있을 것이다. 전 세계를 돌아다니면서 이제껏 본 적 없는 새로운 세계를 경험하고 TV에서 봐왔던 유명한 건물이나 장소를 제 눈으로 직접 확인하는 즐거움 그리고 새로운 곳에서 사귄 새로운 친구들과의 추억 또한 여행을 통해 얻을 수 있는 값진 일이다.

만약 세계여행을 할 수 있는 여건이 모두 제공된다면 떠나기 전에 가장 먼저 무엇을 해야 할까? 그렇다. 어디를 갈지부터 정해야 할 것이다. 수많은 나라 중에서 가고 싶은 나라를 고르기 위해 세계지도를 펼쳐볼 것이다. 그때 펼쳐보는 우리가 흔히 생각하는 세계지도의 모양을 한번 머릿속에 떠올려 보도록 하자. 어떤 모습의 지도인가? 우리나라는 어디에 있는가? 아마도 대부분 우리나라가 가운데에 있는 세계지도를 떠올릴 것이다. 좌측으로는 아시아와 유럽이, 우측으로는 북아메리카와 남아메리카가 있고 가운데는 넓은 태평양이 펼쳐져 있다. 바로 우리에게 익숙한 '태평양 중심 세계지도'이다. 그러나 우리와 지구 반대편에 있는 사람들이 사용하는 세계지도는 우리가 생각하는 세계지도와 모습이 완전히 다르다. 바로 대서양을 중심으로 좌측에 북아메리카와 남아메리카, 우측에 유럽과 아시아가 그려진 '대서양 중심 세계지도'이다.

우리가 왜 대서양 중심 세계지도에 익숙하지 않은지는 지도를 보면 금방 알 수 있을 것이다. 우리나라가 기분 좋게 한가운

한 가지 정답을 찾기 위해 여러 관점의 질문을 하라

데 있었던 태평양 중심 세계지도와는 달리 대서양 중심 지도에는 우측 맨 끝에 그려져 있기 때문이다. 세계지도는 어느 바다를 기준으로 했느냐에 따라 이처럼 크게 2가지로 나누어진다. 이 2개의 세계지도는 모두 세계의 지리학적 위치를 똑같이 나타낸 정확한 세계지도로, 둘 중 어떤 세계지도를 사용해도 세계여행을 하는 데는 전혀 문제가 없다.

그런데 왜 똑같은 세상을 2가지의 세계지도로 표현한 것일까? 그 이유는 지도를 만드는 주체가 바로 사람이기 때문이다. '태평양 중심 세계지도'나 '대서양 중심 세계지도' 모두 하나의 세계를 지도로 표현한 것이다. 즉 둘 다 진실을 말하고 있는 것이다. 그런데 이렇게 두 종류의 지도가 완전히 달라 보이는 이유는 자기 중심적으로 편집하기를 좋아하는 사람들의 특성 때문이다. 사람들은 자기 중심적인 표현 방식을 좋아한다. 왜냐하면 그게 편하기 때문이다. 지도는 무언가를 보기 위한 도구에 불과하다. 우리는 이런 두 종류의 세계지도를 보고 무엇을 배울 수 있을까? 지도가 우리에게 가르쳐 주고자 하는 삶의 진리는 무엇일까?

아마도 가끔씩은 삶을 다른 사람의 관점에서 바라볼 줄 알아야 한다는 진리는 아닐까? 왜냐하면 타인의 인생도 자신과 모습만 다를 뿐 담고 있는 본질은 비슷하기 때문이다. 세계지도는 세계여행을 떠나기도 전에 우리들에게 다름을 이해하는 법을 가르쳐주고 있다.

지하철을 타면 보통 가장자리에
먼저 앉는 이유는?

혼자 있고 싶어 하는 심리

2010년 어느 방송에서 일상생활 속에서 경험하는 사람들의 한 흥미로운 습관에 대해서 방송한 적이 있었다. 해당 방송은 스킨십을 주제로 다루고 있었는데 사람들은 텅 빈 지하철 의자에 어디부터 앉는지에 대한 내용이었다. 이 글을 읽고 있는 독자 분들도 자신의 경험을 비추어보거나 상상해보도록 하자. 지하철을 탔는데 자리가 모두 비어있다면 어디에 앉을 것인가? 앞서 말한 방송의 설명에 따르면 많은 사람들이 가장 바깥쪽에 앉는 것을 선호한다고 한다. 보통 양쪽 가장자리 두 곳에 먼저 앉고 그 다음 정중앙 그리고 사람들 사이에 앉는다고 설명했다. 어떠한가? 자신이 생각했던 것과 비슷한 결과인가?

이러한 현상을 방송에서는 사람들이 자신의 영역을 확보하고

한 가지 정답을 찾기 위해 여러 관점의 질문을 하라

자 하는 동물적 욕구가 있기 때문에 이런 패턴으로 자리에 앉는다고 설명한다. 개인적으로 공감이 가는 해석이다. 왜냐하면 사람은 누구나 자신의 영역이 필요하다고 생각하기 때문이다. 사람이 붐비는 지하철이나 만원 버스에서 불편함을 느끼는 이유도 자신이 생각하는 최소한의 공간을 확보하지 못하기 때문이다. 그렇다면 인간은 왜 다른 사람과 일정한 거리를 두는 것을 필요로 할까?

필자는 이러한 현상을 혼자 있고 싶어 하는 심리, 고독하게 있고 싶어 하는 심리와 연관시켜 생각해보고자 한다. 우리는 모두 인간이 사회적 동물이라는 것을 알고 있다. 사회적 동물이란

혼자서 살아가지 않고 무리지어 여러 관계를 이루면서 살아가는 동물을 뜻한다. '사회적'이라는 표현과 고독이라는 표현이 잘 어울리지는 않지만 현실에서는 명백하게 이 두 가지 속성이 우리 삶 속에서 공존한다. 이 두 가지는 본능인 것이다. 그렇다면 문제는 전혀 다른 두 가지 속성을 어떻게 잘 조화시키면서 살 것인지를 고민해봐야 한다는 것이다. 조금 양가적인 해석일 수도 있겠지만 우리는 다른 사람이 필요하면서 동시에 적절히 다른 사람을 필요로 하지 않는 동물이다. 여기서 중요한 것이 바로 '적절히'라는 단어이다. 사회(타인)와 개인(본인) 사이의 적절한 거리란 사람마다 다르다. 외로움을 많이 느끼는 사람이 있는가 하면 혼자 있어도 잘 지내는 사람들이 있다.

　요즘 1인 가구의 증가로 밥을 먹거나 술을 마시거나 영화를 보는 일까지 혼자 하는 사람들이 증가하고 있는 추세이다. 여러 사회적인 요인이 있겠지만 국가가 선진화되어 갈수록 이러한 1인 가구의 수가 두드러지게 나타난다. 사회나 무리에 있던 삶의 무게 중심이 점점 개인인 자기 자신 쪽으로 옮겨져 가는 것이다. 이러한 외로움이나 고독이 발현되는 시간들을 긍정적으로 해석해볼 수 있다. 우리는 보통 이렇게 혼자 있는 시간에 자기 자신을 돌아보면서 자아의 정체성을 유지하고, 자신의 가치관을 새롭게 확립한다. 그러나 모든 일이 그러하듯이 부정적인 면 또한 존재한다.

고독에는 두 가지 종류가 있다. '자발적 고독'과 '비자발적 고독'으로 구분된다. 자발적 고독이란 바쁘게 사는 현대인들이 자신과 소통하고 자신의 삶을 되돌아보고자 의식적으로 갖게 되는 고독을 뜻한다. 일반적으로 이러한 고독은 건강한 고독이다. 그러나 비자발적 고독은 이야기가 달라진다. 비자발적 고독이란 쉽게 말해 자신이 원하지 않는 고독이다. 이러한 종류의 고독은 외로움이라는 표현이 더 적합한 듯하다. 다른 사람들과 관계를 이루고 싶은데 여러 가지 이유로 인해 관계가 형성되지 못할 때 생기는 이러한 종류의 고독함은 건강하지 못한 고독함이다. 자칫 잘못하면 우울증과 같은 마음의 병으로까지 이어질 수 있다.

그런데 안타까운 점은 우리 주위에 이러한 원치 않는 고독을 견뎌야 하는 사람들이 많다는 점이다. 한 번쯤 세상의 여러 종류의 고독에 대해서 관심을 가져보는 건 어떨까?

대중교통 광고판에
유독 병원 광고가 많은 이유는?

세상을 이해하는 통찰력을 갖자

··

필자는 평소에 버스나 지하철을 자주 이용하는 편이다. 많은 사람들이 등하교나 출퇴근을 목적으로 대중교통을 이용하는 경우가 많다. 그렇기 때문에 매일 타는 버스 번호나 지하철 노선이 고정되어 있기 마련이고 자신이 이용하는 대중교통은 익숙하다.

혹시 오늘 이용했던 버스나 지하철에 어떤 광고가 붙어있었는지 기억나는가? 어렴풋이 기억이 나려고 하는 사람이라면 그나마 주변 사물에 대한 관심과 관찰력이 있는 경우이다. 스마트폰의 등장 이후에 많은 사람들이 한 번 스마트폰에 시선을 고정하면 자신의 목적지에 다다를 때까지 좀처럼 고개를 들지 않는다. 한번은 필자가 자주 타는 지하철 노선을 타고 이동하는 중

한 가지 정답을 찾기 위해 여러 관점의 질문을 하라

이었다. 평소 같았으면 책을 읽거나 스마트폰으로 뉴스를 읽거나 했을 텐데 그날은 평소보다 피곤한 탓에 30분 넘게 지하철을 타는 동안 아무것도 하지 않고 있었다. 심지어 아무것도 하지 않아도 심심하다는 것조차 느끼지 못할 만큼 그냥 가만히 앉아 쉬고 싶었다. 그렇게 책도 스마트폰도 가방에 넣어둔 채 멍하니 지하철 상단을 아무런 초점 없이 보고 있었다. 최대한 아무 생각도 하고 싶지 않았기 때문에 지하철에서 가장 멀리 볼 수 있는 상단을 보고 있었는데 그곳에는 광고판이 줄지어 붙여져 있었다. 처음에는 별 생각 없이 줄지어 붙어있던 광고들을 보고 있었다. 그렇게 한 정거장, 두 정거장, 세 정거장이 지나고, 점차 시간이 지날수록 무의식적으로 눈에 들어오던 여러 광고를 보면서 뭔가 특이하다는 생각이 번뜩하고 들었다.

앞에 있던 10개 내외의 광고판 중에서 7개 정도가 각종 병원 광고들이었기 때문이다. 치과, 안과, 한의원, 척추관절, 암 검진, 위장 대장 질환까지 그 종류도 다양한 병원들의 광고가 잔뜩 붙어있었다. 뭔가 이상하다는 생각이 들었다. 수많은 광고 중에 유독 병원 광고가 많았던 이유는 도대체 무엇이었을까? 사실 답은 간단하다. 인기 있는 상품이나 사람들이 찾는 제품에 대해서는 자연스럽게 광고도 많이 하는 법이다. 즉 병원에 가는 사람이 많으니까 병원 광고가 많은 것이다. 사람들이 관심 없어 하는 것을 뭐 하러 굳이 광고를 하겠는가? 이런 논리에서 지하철 광고판에 병원 광고가 많다는 의미는 요즘 사람들이 아파서 병원 갈 일이 많기 때문이라고 해석할 수 있다.

이번 질문을 통해서 말하고 싶은 내용은 세상을 해석하고 분석하는 방법에 대한 이야기이다. 현대는 과거 수십 년 전과 달리 하루가 다르게 수많은 정보들이 쏟아져 나오고 있다. 매일 아침 신문과 저녁 TV 뉴스에서는 하루 동안 있었던 일들을 정리해서 보도하느라 바쁘다. 나아가 각종 미디어에서는 세상을 다양한 측면에서 심층적으로 분석하고 복잡하게 얽혀 있는 일들을 쉽게 해석하고자 노력한다. 그리고 일반 사람들은 이러한 다양한 자료들을 통해서 세상을 이해하는 데 도움을 받는다.

이렇듯 전문적이고 심층적인 자료나 데이터를 얻는 일은 더 이상 전문가만의 영역이 아니다. 수많은 정보를 손쉽게 접할 수 있는 세상이지만 여전히 중요한 것은 주어진 자료를 바탕으로 세상을 이해하고 사회의 흐름을 읽는 능력이다. 그리고 더불어 '개인적인 통찰력' 또한 중요하다. 쉽게 말해 자신만의 세상을 바라보고 현상을 분석할 수 있는 능력이 복잡한 세상을 살아가는 데 필요하다는 것이다.

어떤 일을 해석하는 데에는 어떤 기준과 방법으로 생각하느냐가 중요하다. 같은 대상에 대해서도 어떤 이들은 객관적인 통계자료를 통해서 대상을 이해하려고 하고 어떤 이들은 자신의 경험과 주관적인 직관을 통해서 대상을 이해하려고 한다. 이것

한 가지 정답을 찾기 위해 여러 관점의 질문을 하라

에 정답은 없다. 모든 사람들에게 주어진 환경이 다르기 때문이다. 그렇기 때문에 개개인이 세상을 이해하고 해석하는 방법이 다른 것이다. 특별하고 전문적인 방법이 아니더라도 상관없다. 그저 자신의 주변 환경에 보다 관심을 갖는 것만으로도 세상을 해석하고 예측하는 능력을 기를 수 있다.

여기서 또 하나 중요한 사실은 자신의 해석이 꼭 정확할 필요는 없다는 것이다. 특히 예측이라는 것은 현재를 바탕으로 분석하고 미래를 내다보는 일이기 때문에 오차가 생길 수밖에 없다. 워낙 다양한 변수가 존재하기 때문이다. 중요한 것은 일상적이고 평범한 주변에 대해서 얼마나 관심 있게 관찰하고 나름의 통찰력을 가지고 세상을 대하는지 그 노력 자체이다.

벽을 뚫어야 하는 못이 얼마나 깊이 박힐 수 있느냐는 못의 길이가 결정하는 것이 아니라 못의 끝이 얼마나 뾰족한지가 결정하는 것이다. 오래 본다고 해서 삶을 이해하는 능력이 올라가는 것이 아니라 찰나의 시간을 보더라도 얼마나 날카롭게 자신이 속한 세상을 꿰뚫어 보는지가 중요한 것이다.

스마트폰으로 오늘의 운세를 검색하는
현대인의 모습이 모순인 이유는?

인간의 미래에 대한 호기심
....

아주 오랜 옛날부터 사람들은 아직 다가오지 않은 미래에 대해서 궁금해했다. 과학이 발전하기 전에는, 지금으로서는 선뜻 이해하기 어려운 다양한 방법들을 통해 소위 '점'이라는 것을 쳤다. 놀라운 것은 과학 문명이 발전한 현재에도 이러한 문화가 지속되고 있다는 사실이다. 간단한 예를 들어보면 예전에 신문을 보면 맨 뒷장에 '오늘의 운세' 혹은 '별자리 운세'라는 코너가 있었다. 바빠서 신문 기사는 읽지 못하더라도 운세만큼은 꼬박꼬박 챙겨본 기억이 있다. 현재 일어난 사실을 정확하게 알려주는 뉴스 대신에 아직 오지 않은 내일을, 그것도 어떤 근거로 해석해 놓았는지 알 길이 없는 운세풀이를 보고 있는 모습이 수백, 수천 년 전 모습과 크게 다르지 않은 듯하다. 그날의 운세풀

한 가지 정답을 찾기 위해 여러 관점의 질문을 하라

이에서 흰색을 멀리하라고 하면 같은 해에 태어나 같은 띠를 가진 사람들은 모두 횡단보도의 하얀 페인트도 밟지 않고, 남쪽에서 귀인을 만날 거라고 하면 불특정 다수가 어느 쪽이 남쪽인지 궁금해 했다.

다들 재미로 본다고 하지만 신경이 쓰이는 건 어쩔 수 없는 것 같다. 요즘에는 신문으로도 모자라 스마트폰으로 오늘의 운세를 알려주거나 연인들의 궁합을 봐주는 어플리케이션까지 생겨난 걸 보면 인간의 호기심이라는 것은 현대 기술로도 막을 수

없는 것 같다는 생각이 든다. 우리는 왜 이토록 알 수 없는 미래에 대해서 궁금해하는 것일까? 이런 인간의 모습이 보여주는 의미는 무엇일까? 첨단 과학기술의 산물이라는 스마트폰으로 과학과는 거리가 먼 운세나 점을 보는 행위 그 자체는 인간이 논리적인 성향과 비논리적인 성향을 모두 갖춘 동물이라는, 이 중성을 단적으로 잘 보여주는 사례라고 생각한다. 인간은 논리적이고 이성적인 목표를 지향하고자 하는 성향이 강하다. 그리고 그것이 다른 자연계 동물들과 비교했을 때 우월하다는 자부심을 갖게 하는 하나의 이유이기도 하다. 그러나 가끔은 논리적으로 설명하기 어려운, 모순된 판단과 행동을 할 때가 있다. 이러한 이중적인 성향을 어떻게 해석할 수 있을까?

필자는 인간의 동물적 '본능'과 '생존'이라는 키워드로 이를 해석할 수 있다고 생각한다. 이 두 개의 키워드를 합쳐보면 인간에게는 '생존에 대한 본능'이 존재한다고 정리할 수 있다. 그렇다면 생존을 하기 위해서 어떤 본능이 필요할까? 오래전 인간이 야생에서 생활했을 때를 상상해보자. 사냥과 채집을 통해서 식량을 확보하고 확보한 식량을 통해서 생활을 이어나가야 했다. 그랬기 때문에 사냥을 하러 나가는 남자들은 오늘 사냥감을 구할 수 있을지 없을지에 대해서 많이 걱정을 했을 것이다. 하루 동안 사냥감을 구하지 못한 남자들은 다음 날 사냥을 나갈 때 전날보다 훨씬 더 많은 부담감을 안을 수밖에 없었을 것이다. 하늘이 어두우면 혹시 비가 내리지는 않을지 비가 오는 것에 대비해서 무엇을 해야 하는지 등 생존을 위한 동물적 본능을 한껏 치켜세우지 않으면 살아남을 수 없었다. 하지만 점점 시간이 지나면서 본능에 의존해서 생존하기보다는 경험을 통해서 보다 쉽게 생존할 수 있는 법을 터득해 왔다. 하지만 여전히 인간이 예측할 수 없는 미래는 존재하기 마련이다. 가끔은 눈으로 보고도 믿기 힘든 수많은 대단한 일을 해내는 인간이지만 그래 봤자 당장 한 시간 뒤의 미래도 예측하지 못하는 생명체일 뿐이다. 미래를 정확히 맞추려는 노력 자체가 어쩌면 오만하고 어리석은 일이지 않을까? 그렇다면 예측하기 어려운 미래를 대하는 올바른 우리의 태도는 무엇일까? 아주 먼 옛날부터 그랬듯이 아주 먼 미래에도 우리의 내일을 예측하는 것은 어려울 것이다. 그러나 그렇다고 해서 오늘이 불행한 것은 아니다. 인생을 의미 있게 만들어 주는 것은 내일을 예측할 수 있어서가 아니라 오히려 모르기 때문이 아닐까?

자동차를 타는 사람과 자전거를 타는 사람 중 누구의 삶이 더 풍요로울까?

물질적 풍요와 정신적 풍요

어른이 되고 나서 가장 달라진 것 중 하나를 꼽으라면 삶의 속도가 빨라진 점이다. 어른이 되기 전에는 대부분 집과 학교 사이의 거리 정도가 생활 반경이었다. 그러나 고등학교를 졸업하게 되면 생활 반경이 급격히 넓어진다. 자연스레 해야 할 것도 많아지고 여행이 아니더라도 가야 할 곳도 많아진다. 굉장히 자연스러운 현상이다. 그리고 어른이 되면 운전을 할 수 있게 되니 그 또한 하루 동안의 행동반경이 넓어지는 데 한몫을 할 것이다. 이처럼 하루 동안 이동해야 할 거리가 많아진다는 것은 그만큼 빨리 움직여야 한다는 뜻이다. 특히 사회생활을 하게 되고 경제활동을 하게 되면 업무의 특성상 서울과 제주도를 하루 안에 다녀야 하는 경우도 발생한다. 심지어 외국을 하루 안에

한 가지 정답을 찾기 위해 여러 관점의 질문을 하라

다녀와야 하는 경우도 발생한다.

우리는 교통수단의 발달로 인해 예전에는 상상할 수 없을 정도의 속도로 살아가고 있다. 한번은 평일 오후에 어느 강변 근처를 지나갈 일이 있었다. 강이라고 하기엔 폭이 많이 넓진 않았지만 그래도 도시에서 쉽게 볼 수 없는 자연환경이었다. 강 주변에는 사람들이 산책을 즐길 수 있게 공원이 조성되어 있었다. 필자는 잠시 시간이 생겨서 강변 근처에 있는 벤치에 앉아서 오후 햇살과 바람을 만끽하고 있었다. 날씨도 굉장히 좋았기 때문에 예상치 못한 여유로움에 푹 빠져 있었다. 강물은 천천히 흐르고 있었고 주위에 산책을 하러 나온 동네 주민들을 볼 수 있었다. 여유롭게 산책하는 할아버지도 계셨고 개를 데리고 산책하는 아주머니도 계셨다.

그중에서 인상 깊은 장면이 있었다. 다섯 살 정도 되어 보이는 남자아이와 그 아이의 엄마였다. 남자아이는 자전거를 배우고 있는 것처럼 보였다. 엄마는 자전거 뒤에서 자전거가 넘어지지 않게 잡아주며 아이가 자전거를 타도록 도와주고 있었고 아이는 열심히 자전거 페달을 밟으며 앞으로 나아가고 있었다. 일상적일 수 있는 장면이었지만 그 순간의 여유가 보기 좋았다. 그런데 사실 조금 시야를 넓게 해서 보면 강변 주변 도로에는 자동차들이 저마다 목적지를 가지고 빨리 달리고 있고 하늘에는 어디로 날아가는지 모르는 비행기들이 요란한 소리를 내며 날아가고 있었다. 같은 공간에서도 사람들의 삶의 속도는 저마다 달랐다. 누구의 삶은 산책 나와 여기저기 냄새를 맡으며 천천히 걸어가는 강아지의 속도에 맞추고 있었고 누구는 어린 아들의 자전거 속도에 자신의 걸음걸이를 맞추고 있었다. 그리고 일 때문에 어디론가 급하게 가야 하는 직장인들은 자동차의 속도에 몸을 싣고 있었다. 삶에 있어서 적정 속도라는 것은 사람마다 다르기 마련이다. 그런데 조금 안타까운 사실은 빨리빨리 사는 삶일수록 주변을 돌아볼 여유가 없다는 것이다. 자신의 강아지와 함께 산책하는 사람은 앞과 옆뿐만 아니라 자신의 뒤도 돌아보며 천천히 강가에 피어난 꽃들 하나하나의 향기를 맡으며 가는 반면에 도로 위를 달리는 자동차에 탄 운전자는 고개만 돌리면 강가에 핀 꽃을 볼 수 있지만 시선은 앞차와 신호에만 고정되어 있을 수밖에 없다. 자동차를 타고 다니는 운전자도 강변의 여유로움을 함께 할 수 있으면 참 좋을 것 같다는 생각이 들었다.

우리는 알고 보면 비슷한 하루를 보낸다. 해가 뜨면 눈도 함께 뜨게 되고 해가 지고 어두워지면 자신의 방 역시 다시 어두워진다. 매일 한 번씩 하루를 시작하고 하루를 마감한다. 현대인들이 물질적인 풍요를 위해 길가에 핀 꽃들을 못 보고 지나치게 된다면 너무 슬픈 일이지 않을까? 자신의 내면에도 꽃향기가 가득할 수 있는 하루를 보낼 수 있다면 얼마나 행복할까? 일주일에 하루쯤은 정신적인 풍요로움에도 관심을 가져보자.

한 가지 정답을 찾기 위해 여러 관점의 질문을 하라

한국 나이와 외국 나이,
뭐가 더 좋을까?

1년의 차이가 우리에게 주는 의미

글로벌 사회라는 말조차도 식상하게 느껴질 만큼 현대사회는 정말 쉽게 다른 나라 사람들과 쉽게 교류할 수 있는 환경이 되었다. 그렇기 때문에 서로 다른 각국의 문화적 이해가 더욱 중요한 시대이다.

한국사회가 가지고 있는 여러 문화 중에서 사람들이 중요하게 생각하는 것에는 어떤 것들이 있을까? 필자는 그중 하나가 '나이'와 관련된 문화라고 생각한다. 한국 사회에서 나이는 단순히 자신이 살아온 기간을 나타내는 의미 이상을 표현한다고 생각한다.

우리는 해가 바뀔 때마다 한 살 더 먹은 자신의 나이 때문에 스트레스를 받는 경우를 쉽게 볼 수 있다. 도대체 나이가 뭐기에 이렇게 사람들에게 스트레스를 주는 것인 걸까? 일반적으로 한국에서 "나이가 어떻게 되세요?"라고 질문을 받았을 때 한국식 나이는 우리가 아는 것처럼 태어나자마자 한 살로 계산한 나이이다. 태어난 지 1년이 지나야 한 살로 계산하는 나라의 친구와 만나면 우리는 한 살 더 많은 셈이다. 분명히 같은 해 같은 날에 태어났어도 두 사람은 서로 1년의 시간 차이를 두고 살아온 셈이 된다. 물론 상대적인 시간의 개념이긴 하지만 그래도 뭔가 억울한 느낌을 지우기 어렵다. 한 살 더 많다고 생각하고 살아온 것이기 때문이다. 잠시 과학에 비유해 본다면 한국의 나이와 흔히 말하는 외국 나이를 질량과 무게의 개념에 빗대어 생각해 볼 수 있다.

질량이란 어떠한 물체가 가지고 있는 고유의 양이고 무게는 지구가 물체를 잡아당기는 힘을 뜻한다. 무게는 지구가 아닌 다른 행성에 가면 해당 행성의 중력에 따라 무거워질 수도, 가벼워질 수도 있는 개념이다. 그에 반해 질량은 어디를 가도 변하지 않는 값이다. 그렇다면 나이는 질량과 같은 분류일까? 무게와 같은 분류일까? 살아온 세월이 같아도 해당 국가의 나이 계산법에 따라 1년 이상 차이가 나기 때문에 사실 절댓값이 아니라 상댓값인 것이다. 나이라는 것은 사람들이 임의로 계산하기 쉽게 정해놓은 것이다. 쉽게 말해 일 년을 한 살로 계산하는 것이다. 만약 2년을 한 살로 계산하자고 약속하면 2년이 한 살이

한 가지 정답을 찾기 위해 여러 관점의 질문을 하라

되는 것이다. 그렇다면 나이를 세는 것 자체가 도대체 무슨 의미가 있는 것일까?

아주 오래전에 나이를 딱히 셀 필요가 없었던 때를 상상해보자. 숫자의 개념도 나이의 개념도 없던 때에는 자신이 살아온 기간을 어떻게 생각했을까? 아마도 사람들이 정해놓은 사회적 시간이 아니라 그냥 시간이 흘러가는 대로 자신이 체감하는 신체적 나이에 맞게 삶을 살지 않았을까 생각해본다. 그것이 자연스러운 나이를 먹는다는 의미일 것이다. 그런데 언제부턴가 나이라는 것을 세기 시작하면서부터 인생이 피곤해졌다. 대부분의 삶에서 사회적으로 규정지어 놓은 나이가 그다지 이롭지 않다는 생각을 할 때가 있다. 우리가 일상생활 속에서 나이를 주제로 하는 대화들을 살펴보면 긍정적인 의미에서의 관점보다는 '나이가 들어 이러이러한 점들이 불편하더라, 힘들더라' 하는 식의 부정적인 관점의 대화를 많이 하는 편이다.

우리는 무의식적으로 애꿎은 '나이 탓'을 하는 경우가 많다. 이는 그다지 건강하지 못한 생각이다. 물론 일상 대화라는 것들이 많은 부분 우스갯소리로 하는 말들이지만 언어 습관이 생각을 물들게 할 수도 있다는 측면에서는 걱정되기도 한다. 이렇듯 대부분 나이에 대한 걱정은 '명확한 실체가 없는 추상적인 걱정'이 대부분이다. 이러한 걱정들은 실제 해야 할 걱정의 양보다 더 많은 걱정을 만드는 결과를 초래한다. 즉, 사회적 편리함을 위해 만들어 놓은 나이 체계가 오히려 삶에 대한 긍정적 태도와 행복할 수 있는 가능성을 저하시킨다면 참 안타까운 일이 아닐 수 없다.

나이는 시간의 흐름일 뿐이다. 자신이 살아온 세월을 한국 나이로 생각하고 살든지 한 살 어린 외국 나이로 생각하고 살아가든지 아니면 그냥 나이같은 것은 생각하지 않고 살든지 그것은 자기 마음이다. 세상에는 정말이지 여러 이유와 명분으로 만들어 놓은 쓸모없는 개념들이 너무 많다. 본질을 흐리는 관념들에 대해서는 적당한 경계가 필요하지 않을까 생각해본다. 현재 자신의 나이를 걱정하는 것 보다 중요한 것은 현재를 살아가고 있다는 그 자체일 것이다.

한 가지 정답을 찾기 위해 여러 관점의 질문을 하라

해외 뉴스를 인터넷으로 보는 세상, 그러나 정작 옆집에는 누가 사는지 모르는 세상이 보여주는 의미는?

기술의 발달로 삭막해져 가는 세상
···

　요즘 TV나 인터넷을 보면 정말 '지구공동체'라는 말이 실감된다. 아침에 TV에서 전 세계에서 일어난 뉴스를 소개해주는 프로그램을 볼 때마다 먼 해외 소식도 동네 소식처럼 느껴지곤 한다. 이제는 정치나 경제와 관련된 중요한 사안의 뉴스들뿐만 아니라 사소한 소식들까지 전해들을 수 있는 세상에 살고 있다. 지하철만 타도 사람들이 스마트폰을 이용해서 얼마나 뉴스를 관심 있게 보는지 알 수 있다. 이제 국내 뉴스는 하루 만에 전달되고 전날 밤 서울에서 일어난 소식을 아침에 눈떠보면 제주도에서도 접할 수 있다. 이렇게 편리한 환경 속에서 살아가면서 기술의 발달에 감탄하고 있을 동안 아이러니하게도 우리가 잊고 있는 것들이 있다.

예전처럼 시간과 공간의 개념이 정직했을 때는 물리적으로 가까이에 있는 이웃들의 소식을 많이 접하고 멀리 떨어져 있는 이웃의 이야기는 건너서 전해 듣느라 오래 걸릴 수밖에 없었다. 하지만 지금은 완전히 반대의 상황이 일어나고 있다. 멀리서 일어나는 소식을 집안에서 더 손쉽게 알 수 있게 되었다. 반대로 옆집에 사는 사람은 얼굴 한 번 보기도 힘들다. 게다가 옆집 이웃에게 인사 한번 하려면 꽤 많은 용기가 필요하다. 인사하면 오히려 이상한 사람 취급당하지 않을까 걱정하곤 한다. 어쩌다 상황이 이렇게 되어버린 걸까.

친구끼리도 한번 생각해보자. 친구와 직접 만나는 경우보다 휴대전화로 통화를 하는 경우가 더 많고 전화를 하는 것도 바쁘다는 핑계로 메시지로 서로의 안부를 묻는 경우가 더 많은 세상이다. 기술이라는 것은 인간의 삶을 편하게 해주기 위해 만들어진 것이다. 세상에 삶을 불편하게 하기위해 만들어진 기술은 하나도 없다. 사람들이 하기 불편한 것들을 불편하지 않게 해주거나 대신해주는 것이 기술의 역할이다. 그러다 보니까 사람이 직접 해야 하는 일들까지 기술의 영역에서 해결하려고 하는 경향이 있다. 사람이 사람을 대하는 게 익숙하지 않고 불편해지는 세상이 과연 더 나아진 세상이라고 말할 수 있을까?

한 가지 정답을 찾기 위해 여러 관점의 질문을 하라

우리는 이러한 종류의 문제에 대해서 많이 고민해야 한다. 그렇다면 해결 방법에는 어떤 것이 있을까? 기술 발달 그 자체가 문제라면 발달된 기술을 외면하면 문제가 해결될까? 여러 가지 기계들이 있지만, 그중에 우리가 제일 많이 쓰고 있는 전자기기인 휴대전화를 예로 들어 생각할 때, 만약 우리가 휴대전화를 사용하지 않게 되면 사람들과 만나야 하는 횟수가 늘 것이다. 메신저도, SNS도, 통화도 안 하게 되면서 실물의 사람들을 만날 기회가 더 많아지는 것이다. 화면으로만 주고받던 안부라든지, 실제로 앞에 친구를 두고도 휴대전화에만 빠져 있다든지, 그런 휴대전화로 인한 단절 문제가 없어지면서 사람들과 좀 더 많이 만나고 대화하게 될 것이다.

그러나 이것은 바람직한 해답이 되지 못할 것이다. 편리함을 추구하는 보편적인 인간의 욕구를 거스르는 일이기 때문이다. 우리가 가장 경계해야 할 것은 기술 발달이 막연히 삶에 긍정적인 영향을 끼칠 것이라는 생각이다. 앞서 말한 것처럼 세상에 사람들에게 도움이 되지 않는 기술은 없다. 다만 그 기술이 인간의 더 나은 삶이라는 관점에서 봤을 때 회의적인 방향으로 흘러가는 현상만 있을 뿐이다. 기술을 최소한의 불편함을 고치는 데만 사용하려는 습관이 필요하지 않을까?

한 가지 정답을 찾기 위해 여러 관점의 질문을 하라

질문 같지 않은 질문

1판 1쇄 인쇄 2017년 2월 15일
1판 1쇄 발행 2017년 2월 23일

지은이 김민규
펴낸이 임종관
펴낸곳 미래북
편 집 정광희
본문디자인 디자인 [연:우]
등록 제 302-2003-000026호
주소 서울특별시 용산구 효창원로 64길 43-6 (효창동 4층)
마케팅 경기도 고양시 덕양구 화정로 65 화정동 965 한화 오벨리스크 1901호
전화 02)738-1227(대) | 팩스 02)738-1228
이메일 miraebook@hotmail.com

ISBN 978-89-92289-91-7   03320